**Fahren
mit Pferd und Kutsche**

Christian Lamparter

Fahren mit Pferd und Kutsche

Eine Anleitung für den Freizeitfahrer

50 Zeichnungen von Herbert Gerlach

3., völlig neu
überarbeitete Auflage

DLG-Verlag Frankfurt (Main)

CIP-Kurztitelaufnahme der Deutschen Bibliothek

Lamparter, Christian:
Fahren mit Pferd und Kutsche: eine Anleitung für den Freizeitfahrer /
Christian Lamparter. 50 Zeichn. von Herbert Gerlach. –
3., völlig neu überarb. Aufl. – Frankfurt (Main): DLG-Verlag, 1991

ISBN 3-7690-0946-5

Titelbild: Stöhr, Gomadingen-Dapfen
Umschlagentwurf: Jürgen Wasseveld, Modautal 1

ISBN 3-7690-0496-5

Gesamtherstellung: Brühlsche Universitätsdruckerei, 35396 Gießen
Printed in Germany

Vorwort

Lieber Hobby-Fahrer!

Der Verfasser dieses Buches, Herr Christian Lamparter, hat mich gebeten, ein kurzes Vorwort zu schreiben. Ich komme diesem Wunsch gerne nach, wenn es mir auch etwas schwer fällt. Denn ich bin kein Freund vieler Worte. Sie bergen die Gefahr in sich, doch nicht gelesen oder gar falsch verstanden zu werden. Manche „alte Hasen" glauben außerdem, es doch besser zu verstehen.

So war mein erster Eindruck auch von diesem Buch: Viel zu viel des Guten und zu ausführlich.

Inzwischen habe ich mich aber etwas belehren lassen. Ich habe eingesehen, daß all das mir Selbstverständliche ja gar nicht mehr Allgemeingut ist, sondern bald sogar ganz vergessen sein wird. Wir sollten daher Herrn Lamparter zunächst einmal dankbar sein, daß er, als einer der mit Pferden aufgewachsenen und noch lebenden wirklichen Fachleute, sich die Mühe gemacht hat, seine wichtigsten Erfahrungen der Nachwelt, insbesondere aber der Jugend zu erhalten. Vielleicht ist in unserem motorisiertem Zeitalter eines der letzten Schatzkästchen geöffnet worden. Wir sollten es voll anerkennen und nicht beanstanden.

Gemäß der Aufgliederung seines Buches: „Was **sollte** und was **muß** der Hobby-Fahrer wissen, war sich der Verfasser im klaren, daß manche Abschnitte zunächst als weniger wichtig bzw. sogar als zweitrangig zu betrachten sind. So schwer es ihm sicher auch gefallen sein muß, über das Fahren „Auf die einfachste Art" zu schreiben, so zeigt dies in dieselbe Richtung.

Um so mehr sollte der Hobby-Fahrer vordringlich zunächst berücksichtigen, was er unbedingt wissen muß. Sicher erscheint ihm auch dies am Anfang schon viel zu viel.

Vergesse er aber dabei nicht, daß es nicht gilt, mit einem Zündschlüssel ein Auto in Gang zu setzen, sondern lebende, oft auch eigenwillige Wesen sich unterzuordnen!

Es wird bestimmt oft nicht leicht sein. Die Mittel und Wege dazu zeigt Ihnen jedoch der Verfasser aufgrund reichlicher Erfahrungen. Wer auch immer sie zu nutzen versteht, wird schließlich zu einem Erleben kommen, das einmalig ist, wenn er abseits des großen Verkehrs mit seinen Pferden durch die Natur ohne Hetze fährt, sie wirklich genießen und sich dabei erholen kann.

Möge so das Buch zunächst wieder zurück zur Natur, aber auch zur Kreatur führen, gleichzeitig aber auch dazu beitragen, daß eine der wohl ältesten und schönsten Sportarten noch recht lange erhalten bleibt.

Alles was der Verfasser mühsam für Sie zusammen getragen hat und die Mühe und Arbeit, die Sie dafür aufgewendet haben, werden dann schnell vergessen, Ihre Freude am Fahren um so größer sein.

In diesem Sinn wünsche ich dem Hobby-Fahrer und seinem Buch einen vollen Erfolg zum Nutzen unseres schönen Fahrsportes.

Wilhelm Schaeffer

Inhalt

Einleitung

Da von Jahr zu Jahr immer mehr Menschen ein Pferd als Hobby halten, wird das Interesse an Büchern, welche die Haltung und Pflege, die Fütterung und den Einsatz als Reit- oder Wagenpferd behandeln, immer größer. Die meisten Menschen mit dem Hobby „Pferd" haben nicht die geringste Ahnung über den Umgang mit dem Lebewesen „Pferd". Wohl kommen dann die mehr oder weniger guten Ratschläge von Bekannten und Nachbarn, die jedoch nicht immer zum Wohle des Pferdes ausfallen.

Obwohl es also schon viele Bücher zum Thema Pferd gibt, hat mich der DLG-Verlag gebeten, eine kleine Anleitung für die Hobbyfahrer zu schreiben. Ich will versuchen, in den folgenden Kapiteln die Haltung, Pflege und Fütterung, vor allem aber den Einsatz des Pferdes als Wagenpferd eingehend zu erörtern, so wie ich es seit über 50 Jahren gelernt und geübt habe.

Es sind mir in dieser Zeit gute und weniger gute Pferde durch die Hände gegangen, alle aber waren sie in irgend einer Form Lehrmeister für mich. Die Reiter behaupten, daß man Reiten nur durch reiten lerne, was ich voll und ganz bestätigen kann, da ich ja ebensoviel geritten wie gefahren bin. Ich behaupte jedoch, daß man auch Fahren nur durch Fahren lernt, d.h. Erfahrungen erst beim praktischen Fahren sammeln kann. Trotzdem ist die Theorie nicht zu verwerfen, denn sie ermöglicht uns, das in der Theorie Gelernte in der Praxis in die Tat umzusetzen.

Herr Gerlach hat sich liebenswürdigerweise bereit erklärt, meine Ausführungen durch gute Zeichnungen und Bilder verständlich zu machen.

Selbstverständlich soll es nicht Zweck dieses Buches sein, einem

Fahrer bis zum fertigen Turnierfahrer eine Hilfe zu sein. Dazu sind andere Bücher da. Ich darf hier vor allem auf das hervorragende Buch: „Die Kunst des Fahrens" von Oberst a.D. Max Pape sowie auf mein kleines Büchlein: „Die Fahrlehre" hinweisen.

Dieses Buch ist für den Anfänger geschrieben und soll helfen, den Fahrsport auch auf dem sogenannten „Zweiten Weg" zu fördern und populär zu machen.

Marbach
Chrisitan Lamparter

Einleitung zur 2. Auflage

Durch den erfreulichen Aufschwung, den der Fahrsport im letzten Jahrzehnt genommen hat, dies gilt sowohl in Richtung Leistungssport, als auch Freizeitsport, kommen immer mehr Menschen mit dem Pferd in Berührung, die erst mal lernen müssen, mit den Pferden umzugehen, sie zu pflegen und sie für ihre Zwecke auszubilden.

Dabei ist gerade für die Fahrpferde ein intensives Wissen und Können erforderlich, um sie soweit zu bringen, daß sie willig und ohne Widerstand ihre Arbeit als Wagenpferd tun, aber auch zu wissen, wo die Grenzen ihrer Leistungsfähigkeit liegen. Denn nur dann werden uns unsere Pferde über Jahre hinaus als treue Helfer und Kameraden zur Verfügung stehen und uns Freude und Entspannung in unserem so hektischen Leben bringen. Gerade der Umgang mit den Pferden und die Pflege der Pferde sind Voraussetzung für ein gutes und vertrauensvolles Verhältnis zwischen Mensch und Tier, das die Grundlage für den Gehorsam und die Einsatzbereitschaft der Pferde bildet.

Möge dieses Büchlein auch in seiner 2. Auflage dazu beitragen, dieses Wissen und die Liebe zum Pferd weiterhin zu verbreiten und zu vertiefen, zum Wohle des Fahrsports und zum Wohl unserer Pferde.

Marbach, Frühjahr 1984
Christian Lamparter

Pferdehaltung kurzgefaßt

Der Stall

Bevor man ein Pferd kauft, muß man wissen, wie es untergebracht werden kann. Das kann z.B. in einem tadellosen, mit allen Errungenschaften der neuesten Zeit gebauten Pferdestall sein, aber auch ein umgebauter Kuhstall, ein in einen Schuppen eingebauter Stall oder, was man gegenwärtig nicht selten trifft, eine zweckentfremdete Autogarage — die zwar nicht immer ideal, jedoch oftmals besser als die Unterbringung in einem alten, zugigen Schuppen ist — tun es auch.

Der Stall spielt für die Haltung eines Pferdes eine wesentliche Rolle, weil es den größten Teil seines Lebens darin verbringt, auch dann, wenn man Gelegenheit hat, die Pferde sommers auf die Weide zu lassen. Grundbedingung für einen Pferdestall sind frische Luft, viel Licht und nicht zu vergessen: genügend Platz. Die Stalltemperatur sollte etwa 10 bis 12 Grad Celsius betragen. Ist sie höher, trägt das Pferd im Winter ein feineres Haarkleid, doch wird es dadurch verweichlicht und anfälliger für Erkältungen. Ist die Temperatur niedriger, ist das Haarkleid rauher und die Pferde im allgemeinen widerstandsfähiger, jedoch sollte der Stall für Warm- und Vollblüter nicht zu kalt sein.

Sämtliche Ponyrassen ertragen einen etwas kälteren Stall, da sie Robustpferde sind und daher sommers und winters im Freien gehalten werden können, wenn man ihnen einen Unterschlupf gegen Regen und Sturm gibt. Dazu genügt eine Hütte oder ein Schuppen, die auf drei Seiten (Norden, Westen, Osten) geschlossen sind. Wichtig ist, daß die windgeschützte Seite die offene ist. Auf der offenen Seite sollte ein genügend großes, weit überstehendes Vordach vorhanden sein, das den Regen abhält. Selbstverständlich muß bei dieser Art der Unterbringung das Pony einen genügend großen Auslauf haben, damit es sich selbst durch genügende Bewegung warm halten kann.

Für Ponys mit Vollblutanteil, d.h. deren Vater ein Vollblüter ist, ist diese Art der Unterbringung nicht angebracht, da diese Ponys nicht mehr zu den Robustpferden gerechnet werden können.

Für Großpferde eignet sich der Offenstall im allgemeinen nicht, weil die Erfahrung gezeigt hat, daß diese Pferde den Unbilden der Witterung bei offenem Stall nicht gewachsen sind. Auf keinen Fall darf im Stall Zugluft entstehen. Zugluft ist einer der größten Feinde des Pferdes. Daher muß auch die Entlüftung so angebracht sein, daß keine Zugluft entstehen kann. Die Stallfenster sollten so gearbeitet sein, daß man sie nach innen aufmachen kann und sie sich um ihre untere Achse drehen. Rechts und links an den Seiten, sollten Schutzbacken angebracht sein, damit die kalte Luft nicht direkt auf das Pferd einströmen und einwirken kann. Die Höhe eines Stalles kann durch die Größe der Pferde bedingt, variabel, sollte jedoch nie unter 3 m sein.

Die Aufstallung

a) Boxe
b) Ständer

Die Aufstallung in einer Boxe ist am vorteilhaftesten, weil sich das Pferd dabei frei bewegen kann und genügend Platz zum Liegen und auch zum Wälzen, das zum Wohlbefinden des Pferdes gehört, hat. Die Boxe sollte eine Größe von insgesamt 10 bis 12 qm haben, wobei die Breite mindestens 3,30 bis 3,40 m betragen sollte. Bei Ponys reicht eine Boxe in den Ausmaßen von 1,80 x 2,20 m, bei Kleinpferden, Haflingern, Norwegern usw. eine solche von 3,00 x 3,50 m.

Die Tür sollte grundsätzlich nach außen aufgehen. Eine Stallgasse sollte mindestens 2,50 bis 3,00 m haben.

Am besten sind Schiebetüren, bei denen die Schienen, auf denen die Türen laufen, mindestens 2,50 m hoch sein müssen, damit sich die Pferde beim Raus- und Reingehen nicht den Kopf anschlagen, falls sie mal durch Erschrecken den Kopf hochwerfen.

Die **Futterkrippe** soll groß genug, rund oder oval sein, damit sich das Pferd nicht an harten und scharfen Ecken verletzten kann und soll sich bei großen Pferden etwa 0,80 m, bei Ponys etwa 0,50 m über dem Boden befinden. Am besten sind

Dreieckskrippen, die in einer Ecke angebracht werden.

Über die Anbringung der **Selbsttränke** bestehen unterschiedliche Meinungen. Ein Teil der Pferdebesitzer wünscht die Selbsttränke neben der Futterkrippe, damit das Pferd während des Fressens immer wieder saufen kann. Die anderen sind dagegen, weil durch dieses ewige Hin und Her von der Krippe zum Wasser und wieder zurück, zuviel Hafer verloren geht. Ich persönlich bin durch meine Erfahrung dafür, die Selbsttränke an der entgegengesetzten Seite der Futterkrippe anzubringen. Falls ein Pferd mit der Selbsttränke spielt und immer wieder das Wasser laufen läßt, so daß beinahe eine Überschwemmung in der Boxe oder im Ständer stattfindet, stellt man die Selbsttränke ab und macht sie nur zu bestimmten Zeiten auf. Wichtig ist, daß sie jeden Tag saubergemacht und kontrolliert wird, ob sie noch in Ordnung ist.

Ideal ist es, wenn man an der Außenseite des Stalles einen Laden anbringen kann, den man bei schönem Wetter öffnet, so daß das Pferd hinaussehen kann. Dieses Hinaussehen vertreibt die Langeweile und damit oft daraus entstehende Untugenden wie Koppen und Weben. Jedoch ist beim Öffnen des Ladens darauf zu achten, daß kein Zug entsteht.

Widerristhöhen

Ponys	bis 120 cm
Kleinpferde*	120 bis 147 cm
Großpferde	ab 148 cm

Die Unterbringung in einem Ständer hat den großen Nachteil, daß das Pferd dauernd angebunden stehen muß, was die Langeweile und die daraus entstehenden Unarten erhöht. Die Größe eines Ständers richtet sich wiederum nach der Größe des Pferdes. Für einen Warmblüter sollte der Ständer von der Krippe bis zur Jaucherinne durchschnittlich 3,20 m lang und mindestens 1,80 m breit sein, damit sich das Pferd bequem hinlegen kann. Bei kleineren Pferden besteht jedoch die Gefahr, daß sie sich bei zu breiten Ständern dauernd quer stellen und mit den Vorderbeinen, ja sogar mit den Hinterbeinen in die Anbinderiemen treten.

* Die Bezeichnung Kleinpferd wird seit 1960 nicht mehr offiziell verwendet, da man international nur den Begriff Pony kennt. Im Buch wird der Begriff Kleinpferd wegen der Stallgröße verwendet.

Bei Ponys genügen die Maße 1,00 x 2,00 m. Die **Jaucherinne** soll nicht tiefer als höchstens 4 cm und etwa 20 bis 25 cm breit sein und dem Stallausgang zu leicht abfallen, Ist sie tiefer und schmaler, besteht die Gefahr, daß sich ein Pferd beim Herausführen den Fuß vertritt oder die Sehnen verzieht.

Der **Boden**, sowohl bei Boxen als bei Ständern, soll möglichst wasserundurchlässig sein und bei Ständern der Krippe zu leicht ansteigen.

Die Anbringung der Selbsttränke erfolgt beim Ständer an der Kopfseite. Die Nachteile müssen dabei in Kauf genommen werden.

Müssen mehrere Pferde nebeneinander gestellt werden, sind feste Trennwände aus dicken Bohlen die beste Lösung. Vorn am Kopf wird auf den Trennwänden noch ein Gitter angebracht, damit sich die Pferde nicht gegenseitig beißen können (Abb. 1).

Abbildung 1: Ständer mit Trennwand und Gitter

Werden Flankierbäume (Abb. 2) verwendet, sollten sie bei großen Pferden vorn am Kopf etwa 1,00 m hoch und hinten etwa 0,80 m über dem Boden sein. Die Aufhängevorrichtung (Kette, Drahtseil, Strick) und der hintere Teil der Flankierbäume sollten mit Stroh oder Lappen umwickelt werden, damit sich die Pferde nicht durch Gegen- oder Darüberschlagen verletzen können.

Als **Anbindevorrichtung** ist das Stallhalfter mit einem ledernen Anbinderiemen zu empfehlen. Der Riemen geht durch einen direkt unterhalb der Krippe angebrachten Ring hindurch und endet mit einer Kugel, die größer als der Ring ist.

Am besten wählt man eine Holzkugel mit einem Loch in der Mitte, durch das der Riemen hindurchgezogen und dann festgemacht wird. Die Kugel darf nur so schwer sein, daß sie den Anbinderiemen ganz leicht straff hält. Dadurch wird ein Hineintreten mit den Vorder- oder was noch schlimmer ist, mit den Hinterbeinen vermieden. Das Anbinden mit Ketten oder Drahtseilen ist nicht zu empfehlen, da sich das Pferd bei einem Hineintreten, was trotz aller Vorsicht doch immer wieder einmal vorkommt, schwer verletzen kann (sogenannter „Kettenhang"). Bei einem gut gefetteten und damit weich und schmiegsamen Leder-

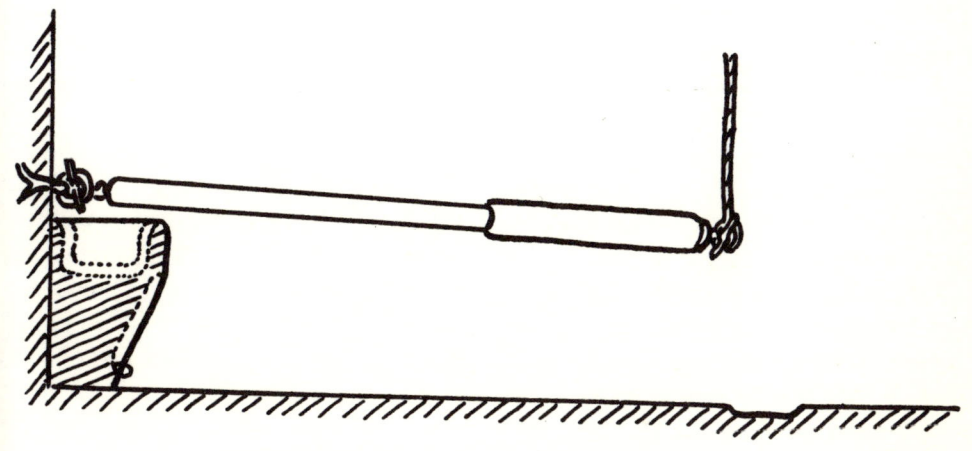

Abbildung 2: Flankierbaum

riemen, wird dies weitgehend vermieden. Statt des Stallhalfters kann auch ein Halsriemen verwendet werden, der jedoch die Mähne des Pferdes stark abscheuert. Keinesfalls soll man zum Anbinden eine Kette verwenden, weil sie die Mähne in allerkürzester Zeit völlig abscheuert.

Die Pferde müssen so kurz angebunden werden, daß sie sich gegenseitig nicht beißen können, aber doch so lang, daß sie beim Liegen den Kopf auf den Boden legen können.

Die früher so beliebten, hoch über der Krippe angebrachten Heuraufen haben den Nachteil, daß leicht Augenentzündungen durch herabfallenden Staub und Heusamen entstehen können und es zu Senkrücken kommen kann. Am besten ist es, wenn das Pferd das Heu vom Boden aufnehmen kann, allerdings muß die Streu trocken und sauber sein und das Heu immer an der gleichen Stelle abgelegt werden. Die Gefahr des Verwurmens, das viele befürchten, wird deshalb um keinen Deut größer, da das Pferd, auch wenn eine Raufe vorhanden ist, das Heu trotzdem zu einem Teil vom Boden aufnimmt, weil es das Heu aus der Raufe zieht und auf den Boden fallen läßt.

Umgang mit den Pferden

Grundlage für den Umgang mit den Pferden ist ein unbedingtes Vertrauensverhältnis zwischen Mensch und Tier. Das Pferd muß wissen, daß ihm im Beisein des Menschen nichts Böses passieren kann. Dies ist nur durch Selbstbeherrschung und Sachkenntnis zu erreichen. Das Pferd soll den Menschen als Kamerad und nicht als Peiniger betrachten, nur dann wird es stets willig und gehorsam sein. Dazu gehört auch ein gut passendes Geschirr und Sattelzeug, eine gut verpaßte und für die einzelnen Pferde richtige Zäumung. Wie oft kann man beobachten, daß das Gebiß beinahe zum Maul herausfällt und damit auf den Schneidezähnen liegt, oder im Gegensatz dazu, die Maulwinkel unnatürlich hochzieht, das Kumt viel zu klein ist und damit dem Pferd das Ziehen zur Qual und das Atmen beinahe unmöglich macht. Dasselbe gilt für zu hoch liegende Brustblätter beim Sielengeschirr. Aber auch zu große Kumte und zu tief liegende Brustblätter erschweren dem Pferd die Arbeit (Näheres siehe Seite 48, „Verpassen des Geschirrs").

Wenn man oftmals die kleinen, dumpfen Löcher, die als Unterkünfte für die Pferde dienen und die dem Pferd kaum Platz zum Stehen, viel weniger zum Liegen bieten, betrachtet, muß man sich fragen, ob diese Pferdehalter schon einmal darüber nachgedacht haben, wie schwer sie sich an der Kreatur versündigen. Daß alle diese Dinge nicht dazu beitragen, das Vertrauen eines Pferdes zu gewinnen und zu festigen, liegt auf der Hand.

Das Pferd ist kein wildes Tier, das dem Menschen nach dem Leben trachtet, sondern ein Lebewesen, das liebevoll behandelt, aber auch beherrscht sein will. Man kann aber nur ein Pferd beherrschen, wenn man sich selbst beherrschen kann. Rudolf Binding sagt in seiner „Reitvorschrift für eine Geliebte": „Nimm Dich in acht: Das Pferd errät Dich, Dich und Deine geheimsten Gedanken. Wenn Du nicht gesonnen bist über es zu herrschen, wird es Dir nicht gehorchen, wenn Du nicht willens bist stärker zu sein, wird sich die ungeheure Kraft des Tieres auflehnen gegen Dich."

Man sollte sich davor hüten, ein Pferd zu vermenschlichen. Es will als Tier und nicht als Mensch behandelt werden. Deshalb müssen wir auch seine Urinstinkte, die in ihm schlummern, kennen. Dies gilt vor allem im Hinblick auf seine Furchtsamkeit und Schreckhaftigkeit. Ja kein Pferd strafen, wenn es scheut oder erschrickt, sonst wird die Angst immer größer. Das Pferd war früher in freier Wildbahn ein sogenanntes „Fluchttier", das sich seinen Feinden durch blitzschnelle Flucht entzog, und nur im äußersten Falle, wenn z.B. ein Fohlen in Gefahr war, verteidigt es sich.

Wenn man zu einem Pferd herantritt, sei es im Stall oder im Freien oder wo es auch sein mag, spricht man es grundsätzlich an, damit es nicht erschrickt und ausschlägt. Nicht brüllen und schreien, sondern mit freundlicher, beherrschter Stimme, und dann kann man im allgemeinen zu jedem Pferd herantreten.

Selbstverständlich gibt es auch Ausnahmen. Man beobachte bei einem Pferd immer die Ohren. Ohrenanlegen bei den Pferden heißt immer „Vorsicht". Solche Pferde spricht man energisch an und sucht das Vertrauen durch An-den-Hals-klopfen und freundliches Sprechen zu erringen. Man sieht solchen Pferden immer in die Augen, sowohl beim Hinzutreten als auch beim Wegtreten, sonst kann man unangenehme Überraschungen erleben. Keinesfalls darf man solche Pferde sofort strafen.

Mit dem Strafen soll man sowieso sehr vorsichtig und sparsam sein. Nur wenn sich das Pferd böswillig dem Willen des Menschen widersetzt oder nach ihm schlägt oder beißt, kann man strafen. Jedoch muß die Strafe der Tat auf dem Fuß folgen. Kurz und scharf strafen und dann muß alles vergessen sein. Nicht halb tot schlagen!

Durch eine ungerechte Strafe wird oft das Vertrauen zwischen Mensch und Tier jäh zerstört. Man schlägt ein Pferd nie ins Gesicht oder zwischen die Ohren oder in die Flanke. Am besten nimmt man eine kurze Reitpeitsche und gibt ein paar scharfe Schläge über die Rippen des Pferdes und spricht es dabei energisch an.

Will man beim Pferd einen **Fuß aufheben**, was man jeden Tag tun soll, spricht man das Pferd an und tritt an die betreffende Seite heran, Blickrichtung nach rückwärts und streicht mit der inneren Hand von der Schulter bzw. von der Kruppe des Pferdes an, abwärts bin zum Fesselgelenk, umfaßt es und hebt den Fuß unter gleichzeitigem, leichten Druck der eigenen Schulter gegen die Schulter oder den Oberschenkel des Pferdes auf und legt ihn auf den eigenen inneren Oberschenkel. Keinesfalls faßt man das

Pferd sofort an den unteren Teilen des Beines an. Das Pferd schlägt dann unvermeidlich aus. Beim Aufheben eines Hinterbeines erfaßt die äußere Hand den Schweif des Pferdes und zieht leicht, bei Widerstand des Pferdes stark nach unten.

Falls ein Pferd reißt, d.h. versucht, den aufgehobenen Fuß durch Ausreißen wieder freizubekommen oder Anstalten macht, gegen den Aufheber zu schlagen, spricht man energisch mit ihm. Durch mehrmaliges, tägliches Aufheben der Füße werden die Pferde so vertraut, daß sie willig die Füße hergeben. Ein gutes Hilfsmittel beim Aufheben ist es, wenn man in dem Augenblick, in dem man den Fessel mit der Hand umfaßt, das Wort „Fuß" oder „Auf" gebraucht. Durch verschiedene Leckerbissen, wie eine Möhre, ein Stückchen Brot, einen Apfel oder ein Stückchen Zucker, kann man sich das Vertrauen des Pferdes leichter erwerben und auch erhalten, vorausgesetzt, man behandelt das Pferd gut.

Pferdepflege

Der Reiter oder Fahrer sollte sein Pferd selbst pflegen und füttern. Er soll sich mit seinem Pferd unterhalten, es immer mal wieder liebkosen und so sein Vertrauen gewinnen. Durch diesen täglichen Umgang ist er gezwungen, sich mit seinem Pferd zu beschäftigen, es zu beobachten und auf die seelischen Regungen des Pferdes einzugehen, denn auch das Pferd ist nicht jeden Tag gleich gut gelaunt und ist wie jedes andere Lebewesen Stimmungen unterworfen, die keinesfalls vom Menschen übersehen werden dürfen, wenn er ein gutes Vertrauensverhältnis zu seinem Pferd herstellen will. Zwischen Mensch und Pferd muß ein Vertrauensverhältnis bestehen, das allen äußeren Einflüssen standhält, denn nur dann wird der Einsatz des Pferdes in allen Lagen 100 % sein.

Die erste Arbeit, wenn man in den Stall kommt, ist die, daß man die Krippe nachsieht, ob das Pferd leergefressen hat und ob die Augen des Pferdes klar und die Haare glatt und glänzend sind. Eine leere Krippe, ein klares Auge und ein glattes Fell sind der beste Gradmesser für die Gesundheit des Pferdes. Dann wird die Krippe von Fremdkörpern und Teilen der Matratze, die das Pferd die Nacht über in die Krippe gebracht hat, sauber gemacht, desgleichen die Selbsttränke, die peinlichst sauber gehalten und jeden Tag kontrolliert werden muß, ob sie

noch funktioniert. Erst nachdem dies getan ist, bekommt das Pferd das erste Futter.

Temperaturmessung

Falls jedoch das Pferd nicht leergefressen hat, wird das verschmähte Futter herausgenommen und vernichtet. Ja keinem anderen Pferd geben, denn es kann eine ansteckende Krankheit im Anzug sein. Danach wird sofort **Temperatur** gemessen. Beim Pferd mißt man die Temperatur im Mastdarm mit einem gewöhnlichen Fieberthermometer. Vorsicht, daß das Pferd das Thermometer nicht in den Darm einzieht. Man muß das Thermometer mindestens drei Minuten im Darm lassen, um eine genaue Temperatur feststellen zu können. Die Normaltemperatur eines Pferdes beträgt zwischen 36,5 und 38,0 Grad Celsius. Was darüber ist, wird als Fieber bezeichnet. Hat das Pferd Fieber, wird es zuerst tüchtig mit einem fest zusammen gedrehten Strohwisch abgerieben und massiert und dann mit einer vorgewärmten Decke eingedeckt und am besten der Tierarzt gerufen.

Anschließend wird die Streu gerichtet und der bei Nacht abgesetzte Kot entfernt und nasse Stellen herausgenommen. Als Streu ist die Matratzenstreu am vorteilhaftesten, da sie weich, warm und elastisch ist, die Gelenke schont und eine unbedingte Sicherheit beim Aufstehen bietet, was gar nicht hoch genug eingeschätzt werden kann. Wenn sie immer tadellos trocken und sauber gehalten wird und der Kot und die nassen Stellen immer rechtzeitig heraus genommen werden, hat sie keinerlei Nachteile. Sie soll mindestens eine Dichte von 15 cm haben, damit sie die oben angeführten Vorteile aufweist. Im Ständer soll das Pferd mit den Vorderbeinen immer etwas höher als mit den Hinterbeinen stehen, was man durch die Matratze leicht erreichen kann. In der Boxe soll die Matratze gegen die Stelle, an der das Pferd tagsüber meistens steht, ebenfalls leicht ansteigen, damit auch hier das Pferd mit der Vorhand höher steht.

Was ist eine Matratzenstreu?

Will man eine Matratzenstreu anlegen, so bringt man auf dem Boden eine etwa 10 cm hohe Lage Torf oder Sägespäne an, auf die man dann trockenes Stroh streut. Entfernt wird nur der abgesetzte Kot und — wie schon erwähnt — die nassen Stellen auf die das Pferd uriniert.

Das Loch, das durch die Herausnahme der nassen Matratze entsteht, wird mit trockener Matratze wieder aufgefüllt, so daß die Matratze immer schön eben bleibt. Zweimal im Jahr, Frühjahr und Herbst, wird die Matratze ganz heraus genommen, Boxe oder Ständer desinfiziert und eine neue Matratze angelegt.

Die andere Art ist die sogenannte "Wechselstreu", auch Pflasterstreu genannt. Dabei wird jeden Tag alles heraus genommen und frisches Stroh eingestreut. Man braucht dabei sehr viel Streumaterial und vor allen Dingen liegen die Pferde meistens auf dem kalten, harten und nassen Boden und holen sich, vor allem im Winter einen anständigen Rheumatismus.

Putzen ist Massage

Ist die Streu gemacht, wird das Pferd geputzt. Man benötigt dazu einen Striegel, am besten einen Gummistriegel, eine Kardätsche (ovale Bürste mit ziemlich steifen Borsten), eine Wurzelbürste für Beine und Langhaare, zwei Schwämme, einen Wollappen, einen Hufkratzer und einen Mähnenkamm. Das Putzen dient nicht nur zur Sauberhaltung des Pferdes, sondern es ist, richtig angewandt, eine natürliche Massage, durch die der Blutkreislauf angeregt, die Hautatmung gefördert und dadurch der Gesundheitszustand und das Wohlbefinden des Pferdes gesichert werden.

Man fängt auf der linken Seite am Kopf an und putzt über Hals, Schultern, Brust, Vordergliedmaßen, Rücken, Bauch, Kruppe und Hintergliedmaßen. Anschließend dasselbe auf der rechten Seite. Zuerst wird das Pferd mit dem Striegel aufgestriegelt und dann mit der Kardätsche sauber geputzt. Auf der linken Seite des Pferdes hält man den Striegel in der rechten, die Kardätsche in der linken Hand und auf der rechten Seite umgekehrt. Man fährt nach jedem Strich mit der Kardätsche über den Striegel, damit sich der herausgeputzte Staub und Schmutz in diesem verfängt und klopft den Striegel von Zeit zu Zeit aus. Beim Putzen Kardätsche leicht auf dem Pferd ansetzen und allmählich den Druck verstärken.

Man soll lange Striche mit der Kardätsche auf dem Pferd machen, nicht kurz und stoßend, sonst werden vor allem empfindliche Pferde nervös. Ängstliche Pferde ruhig ansprechen, immer wieder mit der Stimme beruhigen, ja nicht schlagen. Ich warne übrigens eindringlich davor, ein Pferd in der Boxe oder im Ständer zu schlagen, es könnte sonst sein, daß der Schläger fluchtartig Boxe oder Ständer verlassen muß, falls er noch in der Lage dazu ist. Dies gilt auch bei Kleinpferden.

Schopf- und Mähnenhaare werden mit der Wurzelbürste durchgebürstet und gekämmt. Die Schweifhaare werden mit der Hand verlesen. Ja nicht zuviel am Schweif herumbürsten, sonst hat man bald kurze, unansehnliche Schweife, die auch das schönste Pferd entstellen. Augen, Nüstern, After und Geschlechtsteile werden mit einem sauberen, feuchten Schwamm ausgewaschen, natürlich für After und Geschlechtsteile mit einem anderen Schwamm.

Zuletzt kommen die Hufe dran. Sie sind jeden Tag und nach jeder Arbeit mit dem Hufkratzer sauber auszuräumen und nachzusehen, ob sich das Pferd nicht irgendeinen Fremdkörper in den Huf getreten hat, vor allem in den Eckstrebenwinkeln rechts und links neben dem Strahl. Falls das Pferd beschlagen ist, muß man nachsehen, ob noch alle Eisen fest sitzen, ob kein Nagel oder Stollen fehlt. Nach der Arbeit, besonders wenn die Hufe verschmutzt sind, sollen die Hufe innen und außen sauber gewaschen werden, anschließend leicht antrocknen lassen und mit säurefreiem, farblosem Fett leicht einfetten.

Bei schlechtem Strahl behandelt man Strahl und Strahlfurchen gut mit flüssigem Holzteer. Voraussetzung für gesunde Hufe ist eine saubere, trockene Streu. Trockene, spröde Hufe schlägt man von Zeit zu Zeit in feuchten Lehmbrei, dem etwas essigsaure Tonerde beigemischt ist, ein, d.h. man füllt mit diesem dicken Brei den Hohlraum der Hufsohle. Dieser Einschlag darf jedoch nie trocken werden, man muß ihn vorher herausnehmen, da er sonst das Gegenteil bewirkt. Als Einschlag kann man auch gekochten Leinsamenbrei verwenden.

Beim Putzen mit der elektrischen Putzmaschine muß anfangs sehr vorsichtig vorgegangen werden, da die meisten Pferde vor diesem summenden unbekannten Ding Angst haben. Immer beruhigend mit dem Pferd sprechen und ganz weich beginnen. Bei rotierenden Bürsten Vorsicht, daß keine Langhaare erfaßt werden, was sehr leicht geschieht. Das Kabel (Zuleitung) für die Putzmaschine ist laufend auf schadhafte Stellen zu überprüfen und nie auf den Boden zu legen,

damit kein Pferd darauftreten kann.

Zuerst gut mit dem Gummistriegel aufstriegeln, damit Staub und Schmutz abgesaugt werden können. Stellen, die schlecht mit der Maschine geputzt werden können, wie Kopf, Beine usw., müssen mit der Kardätsche und dem Wollappen sauber gemacht werden.

Schwitzende oder regennasse Pferde sind mit einem fest gedrehten Strohwisch oder einem Lappen trocken zu reiben und anschließend einzudecken, falls der Stall kalt ist.

Fütterung

Bei der Pferdefütterung unterscheidet man vier Arten von Futtermitteln: Kraftfutter (Hafer), Rauhfutter (Heu und Stroh), Grünfutter (Gras und Klee) und die Ersatzfuttermittel.

Der Hafer ist das beste Kraftfutter, vor allem bei Pferden, denen bestimmte Leisungen abverlangt werden. Er sollte mit Häcksel vermischt gefüttert werden, um dadurch ein gutes Kauen und durch dieses eine gute Verdauung zu gewährleisten. Infolge dieser guten Verdauung werden die im Futter enthaltenen Nährstoffe restlos dem Körper zugeführt. Pferden mit gutem Gebiß und gesunden Verdauungsorganen soll der Hafer ganz, älteren Pferden und solchen mit Gebißfehlern und schlechter Verdauung sowie Pferden, die sehr stark beansprucht werden, soll er gequetscht, jedoch nie geschrotet gefüttert werden, da durch das Schroten wertvolle Bestandteile des Hafers verloren gehen und das Pferd, das beim Schroten entstandene Mehl beim Fressen aus der Krippe hinauspustet.

Der Häcksel sollte aus gutem Weizenstroh, das mit Wiesenheu vermischt werden kann, bestehen und mindestens 3 bis 4 cm lang sein. Bei kürzerem Häcksel besteht die Gefahr, daß das Pferd nicht genügend kaut und damit Koliken entstehen.

Beim Rauhfutter soll Luzerne- und Kleeheu nur mit Wiesenheu oder Stroh vermischt gefüttert werden, da diese Heusorten sehr viel Eiweiß enthalten und damit die Gefahr der Eiweißvergiftung gegeben ist, vor allem bei nicht genügender Bewegung der Pferde. Es ist von Vorteil, am Tag mehrmals kleinere Portionen zu geben, als nur morgens und abends jeweils eine größere Portion vorzulegen, die dann verpustet und teilweise in die Streue getreten wird. Das Pferd hat einen, seiner Größe entsprechend, relativ kleinen Magen und kann deshalb keine allzu großen Mengen von Futter auf einmal aufnehmen. Gutes Stroh gehört zur Pferdefütterung, da es in hohem Maße Verstopfungskoliken verhindert. Deshalb ist die Strohstreu ideal, da bei dieser sich das Pferd die nötige Menge Stroh selbst holen kann, vorausgesetzt, daß man gutes Stroh als Einstreu verwendet.

Alle Futtermittel sollen qualitativ gut geerntet, trocken und staubfrei sein. Sie sollen keinen dumpfen Geruch haben, insbesondere nicht verschimmelt sein, da sie sonst Koliken und Dämpfigkeit hervorrufen können. Sie müssen den Gärungsprozeß, der etwa 6 bis acht Wochen vom Beginn der Ernte an gerechnet dauert, hinter sich haben, d.h. während des Gärungsprozesses darf kein Heu, kein Hafer und kein Stroh gefüttert werden, da sonst die Pferde schwere Gesundheitsschäden davontragen können.

Grünfutter ist ein wesentlicher Faktor in der Pferdefütterung und ist als junge Weide am bekömmlichsten. Dabei ist jedoch zu beachten, daß die Weiden genügend groß sein müssen und wenn den Pferden täglich eine bestimmte Leistung abverlangt wird, Kraftfutter zugefüttert werden muß. Falls jedoch keine Weide vorhanden ist, kann Grünfutter im Stall gegeben werden. Das Grünfutter sollte jeden Tag frisch gemäht und an einem kühlen, schattigen Platz, möglichst dünn ausgebreitet werden.

Die Höhe der Futtergaben richtet sich nach dem Gewicht des Pferdes und nach der Arbeitsleistung. An Ruhetagen soll die Haferration gekürzt werden. Ponys brauchen sowieso wenig oder gar keinen Hafer. Auf Ponys wirkt der Hafer wie der Alkohol auf Menschen. Im allgemeinen gelten folgende Futtersätze:

Leichte Pferde:	3 bis 4 kg Hafer, 4 bis 5 kg Heu und 1,5 bis 2 kg Stroh
Mittlere Pferde:	4 bis 5 kg Hafer, 5 bis 6 kg Heu und 1,5 bis 2 kg Stroh
Schwere Pferde:	bis zu 8 kg Hafer, bis zu 10 kg Heu, 3,5 bis 4 kg Stroh
Kleinere Ponys:	etwa 1,5 kg Heu und etwa 1,5 kg Stroh
Größere Ponys:	etwa 3 kg Heu und etwa 1,5 bis 2 kg Stroh

Ponys fressen sehr gerne Gemüseabfälle aus der Küche, sofern sie frisch und einwandfrei sind. Ebenfalls gern gefressen werden: trockenes Brot, das übrigens alle Pferde gern fressen, welches aber keinesfalls verschimmelt sein darf, wegen Kolikgefahr, weiterhin Äpfel, Birnen, jedoch kein Steinobst.

Es soll mindestens dreimal am Tag gefüttert werden. Öfteres Füttern ist von Vorteil, da die einzelnen Portionen kleiner sind und daher nicht so lange in der Futterkrippe liegen. Die größte Portion der einzelnen Rationen gibt man immer vor der größeren Ruhepause, im all-

gemeinen abends, da das Pferd dabei Zeit zum Kauen und Verdauen hat, z.B. morgens ein Viertel, mittags ein Viertel und abends den Rest, also die Hälfte.

Als Ersatzfuttermittel bezeichnet man sämtliche Getreidearten mit Ausnahme von Buchweizen, der nicht gefüttert werden darf. Auch Roggen sollte nur in kleinsten Mengen gefüttert werden. Weiterhin können alle Hülsenfrüchte, Mais, Kartoffeln, Kleie, Mehl, Rüben, Zucker, Melasse, Rübenschnitzel, Leinsamen, Laub, Schilf usw. gefüttert werden. Ein gutes Ersatzfuttermittel bildet auch die Silage in kleineren

Gaben. Beim Füttern von Ersatzfuttermitteln soll man mit kleinen Mengen anfangen und nur allmählich steigern.

Hülsenfrüchte und Mais dürfen nur gebrochen oder gequollen, Trockenschnitzel, Hafer- und Kartoffelflocken nur gequollen gefüttert werden, da sonst Koliken, ja, sogar Magenzerreißungen vorkommen können. Kartoffeln und Leinsamen sollen nur in gekochtem Zustand gefüttert werden. Akazienlaub, auch die Rinde der Akazie, ist sehr giftig, ebenso Tuya und Eibe.

Heute gibt es auch gut zusammengesetzte fertige Mischfutter für Groß- und Kleinpferde, die die Pferde sehr gerne fressen und die ihnen auch gut bekommen, da dieses Fertigfutter neben viel Eiweiß noch Vitamine und Spurenelemente enthalten. Allerdings müssen auch hierbei die Pferde zuerst daran gewöhnt werden. Dieses Mischfutter kann auch gepreßt in sogenannten „Briketts" gekauft werden und ist besonders zum Mitnehmen bei Überlandfahrten sehr geeignet, jedoch sollte zur Sättigung immer noch Rauhfutter dazu gegeben werden.

Fressen die Pferde jedoch nur zögernd oder gar nicht und lassen halb gekautes Futter aus dem Maul fallen, muß nach den Zähnen gesehen werden, da der Verdacht besteht, daß das Pferd sogenannte „Haken" hat und deshalb nicht mehr kauen kann. Der Tierarzt entfernt die Haken und das Pferd kann wieder fressen.

Die Pferde sollen sich wohl in einem guten Futterzustand befinden, jedoch nicht zu fett sein, das ihrem Gesundheitszustand nicht gerade zuträglich ist. Jedoch ist das Gegenteil genauso abzulehnen. Wenn ein Pferd leistungsfähig sein soll, braucht es genügend zu fressen. Dies sollte man vor allem immer wieder bei Weidegang beachten, wo die zur Verfügung stehende Weidefläche oftmals zu klein ist und das Pferd sich nicht satt fressen kann.

Zur Fütterung gehört eine bestimmte Salzgabe, die man am besten in Form von Salzlecksteinen verabreicht, die in jeder Futtermittelhandlung zu haben sind.

Mindestens vor jeder Mahlzeit muß getränkt werden, wenn keine Selbsttränke, die am vorteilhaftesten ist, vorhanden ist. An heißen Tagen entsprechend öfter. Grundsätzlich vor der Kraftfuttergabe tränken, da im umgekehrten Falle starke Quellgefahr und Verdünnung der Magensäfte entsteht. Das Wasser soll klar, frisch und sauber sein. Schwitzende Pferde dürfen nur getränkt werden, wenn man in der Arbeit sofort nach dem Tränken weitermacht, d.h. sofort weiterreitet oder -fährt. Andernfalls muß man warten, bis sich die Atmung beruhigt und das Pferd abgeschwitzt hat. Um zu verhindern, daß das Pferd, besonders nach starker Anstrengung, zu gierig säuft, legt man eine Hand voll Heu auf das Wasser, oder läßt das Gebiß im Maul. Pferde ertragen eher Hunger als Durst.

Beschlag

Wagen- bzw. Kutschpferde müssen in der Regel beschlagen werden, da man hauptsächlich auf Straßen und festen Wegen fahren wird.

Die Pferde müssen etwa alle 6 bis 8 Wochen zum Schmied, um die Hufe berunden zu lassen. d.h. der Huf wird mit Hufmesser und -raspel so bearbeitet, daß das Pferd wieder normal gehen kann. Auch der Beschlag ist zu erneuern, selbst wenn die Eisen noch fest sitzen, da der Huf über das Eisen hinauswächst und damit die Hufwand ausbricht. Außerdem wird die Hufzehe unna-

türlich lang, so daß das Pferd leicht stolpert, hinfällt und sich dabei schwer verletzen kann. Auch werden die Sehnen übermäßig stark beansprucht, so daß nicht selten Sehnenlahmheiten entstehen.

Die Hufeisen müssen einen sicheren Gleitschutz haben, damit die Pferde nicht dauernd rutschen. Eingeschraubte Widakstollen haben sich am besten bewährt. Man verwendet am besten vier Stollen für jedes Eisen, zwei Zehen- und zwei Trachtenstollen, damit das Pferd möglichst eben steht. Als Zehenstollen verwendet man am besten Widakkorn und als Trachtenstollen Widakstift oder auch Widakkorn. Keinesfalls sollte man vorn Widakstiftstollen verwenden, weil sonst die natürliche Gleitbewegung des Hufes beim Auffußen aufgehoben wird und damit die Sehnen zu stark beansprucht werden. Guter, rechtzeitiger Beschlag, von einem guten Hufschmied durchgeführt, vermeidet Quälereien und sichert lange Gebrauchsfähigkeit des Pferdes.

Pferdekrankheiten, Verletzungen, Lahmheiten, Erste Hilfe

Auch das Pferd ist verschiedenen Krankheiten und Unpäßlichkeiten unterworfen und leidet darunter. Wenn eine Krankheit im Anzug ist, verweigert das Pferd das Futter und ist gegen seine Umwelt im Gegensatz zu seinem sonstigen Verhalten, teilnahmslos. Es hat ein getrübtes Auge, glanzloses Haar, stellt die Haare und läßt meistens den Kopf und die Ohren hängen.

Hat man solche Symptome festgestellt, wird sofort die Temperatur gemessen. Die Normaltemperatur beträgt bei einem Pferd zwischen 36,5 und 38,0 Grad Celsius. Der Pulsschlag des gesunden Pferdes beträgt in der Minute 30 bis 40 gleichmäßig starke Herzschläge in regelmäßigen Abständen in der Ruhe, d.h. das Pferd muß mindestens eine Stunde ruhig gestanden haben.

Den Puls kann man an der Arterie am Unterkieferknochen fühlen. Die Atmung beträgt in dieser Ruhestellung 10 bis 16 Atemzüge in der Minute.

Kolik

Die wohl am häufigsten auftretende Krankheit bei Pferden ist die Kolik, die sich durch Schmerzen im Bauch äußert. Hervorgerufen wird sie hauptsächlich durch verdorbenes Futter, hastige Futteraufnahme und zu große Mengen, die auf natürlichem Weg nicht mehr reguliert werden können. Das Pferd kann sich nicht erbrechen.

Bei Kolik wird das Pferd unruhig, es scharrt, stampft, sieht sich immer wieder nach dem Hinterleib um, legt sich hin und steht bald, oftmals sofort wieder auf. Oft nimmt es die typische Stellung zum Urinlassen ein, ohne jedoch zu stallen. Es zeigt entweder Verstopfung oder Durchfall. Die Darmgeräusche sind entweder unterdrückt oder überlaut. In der Regel schwitzt das Pferd stark.

Als erste Hilfe gibt man dem Pferd viel Platz und viel Streu oder stellt es bei warmem Wetter auf weichen Boden, damit es sich beim Niederlegen und Wälzen nicht sich selbst und Nachbartiere beschädigt. Dann reibt man Flanken und Bauch gründlich mit Stroh ab und deckt das Pferd mit einer warmen Decke ein, die durch einen Deckengurt festgehalten wird. Bei Verstopfungskolik ist leichte Bewegung von Vorteil, bei Kolik mit Durchfall und bei Auftreten heftiger Schmerzen, läßt man das Pferd am Platz. Falls nicht innerhalb von 15 bis 20 Minuten die Schmerzen nachlassen, ist der Tierarzt zu rufen.

Kreuzverschlag auch **Schwarze Harnwende** genannt, ist eine sehr gefährliche Krankheit, die blitzschnell über das Pferd kommt. Die Hinterhand ist in ihrer Bewegung gestört und ihre Muskelgruppen werden hart wie ein Brett. Der Harn ist dunkelrot bis schwarz, daher der Name. Das Pferd schwitzt stark und will sich immer wieder hinlegen, was unter allen Umständen zu verhindern ist. Man geht auf dem kürzesten Weg in den nächsten Stall oder an einen Ort, wo man das Pferd stehen lassen kann. Am besten keinen Schritt mehr machen und sofort den Tierarzt rufen, da die Krankheit lebensgefährlich ist. Bis zum Eintreffen des Tierarztes kann man in der Nierengegend und auf der Kruppe auf einer aufgelegten, dicken Wolldecke, die man mehrfach zusammengelegt hat, mit heißem Bügeleisen bügeln. Vorsicht, damit das Pferd keine Brandwunden bekommt. Man muß das Eisen dauernd bewegen.

Die **Schwarze Harnwende** wird vorwiegend durch zu wenig Arbeit bei reichlichem Futter, vor allem eiweißhaltigem Kraftfutter, hervorgerufen. Deshalb sollte man grundsätzlich die Kraftfuttermenge herabsetzen, wenn das Pferd keine Arbeit hat. Weideauslauf ist keine Arbeit, dazu braucht das Pferd keine

5 kg Hafer am Tag! Wenn die Pferde ein oder mehrere Tage gestanden haben, ja nicht sofort vom Stall aus in erhöhter Gangart wegreiten oder -fahren, da dadurch die Gefahr der Harnwende stark erhöht wird. Mindestens 1 bis 1 1/2 km ruhig im Schritt bewegen. Dies gilt übrigens für alle Fälle.

Wenn ein Pferd **hustet**, ist sofort Fieber zu messen und nachzusehen, ob das Pferd Nasenausfluß und geschwollene Lymphknoten im Kehlgang hat. Bei Fieber und geschwollenen Lymphknoten muß sofort der Tierarzt gerufen werden, da Seuchengefahr besteht und **Druse** im Anmarsch ist, die sich in den angeführten Symptomen äußert.

Wenn das Pferd kein Fieber hat, kann es im Freien ruhig bewegt werden. Keinesfalls jedoch in die Reithalle oder auf einen Platz nehmen, wo es staubt. Möglichst in einen kühlen, luftigen Stall stellen, in dem jedoch keine Zugluft herrschen darf.

Mauke ist eine nässende Ausschwitzung in der Fesselbeuge, die durch schlechte Pflege, aber auch durch Fütterungsschäden oder äußere Einflüsse, z.B. Salz in der Reitbahn, Kunstdünger im Gelände usw., hervorgerufen wird. Vor der Behandlung werden zuerst die Haare herausgeschnitten, jedoch nicht so kurz, daß sie stechen, dann mit Alkohol (kein Spiritus, der durch das Vergällen gewebefeindlich ist) auswaschen und einen Verband mit Maukesalbe oder Melkfett anlegen. Keine scharfen Desinfektionsmittel benützen, da sonst die Mauke immer schlimmer wird! Oftmals hilft, besonders bei jungen Pferden, eine Futterumstellung.

Phlegmone oder auch **Einschuß** genannt, wird im allgemeinen durch eine Infektion, oftmals durch eine kleine, kaum sichtbare Wunde, hervorgerufen bzw. ausgelöst. Ein Hinterbein, in selteneren Fällen auch ein Vorderbein, schwillt bis herauf zum Knie- oder Ellbogengelenk stark an. Das Pferd geht stark lahm und belastet den betreffenden Fuß kaum mehr. Es zeigt Fieber und der Fuß fühlt sich heiß an und ist sehr druckempfindlich. Es ist sofort der Tierarzt zu rufen, da andernfalls die Gefahr besteht, daß der Fuß dick bleibt und das Pferd dadurch erheblich an Wert gemindert wird. Das Kraftfutter ist sofort abzusetzen und leicht verdauliches Futter, wie Mash, Rüben usw. zu geben. Die Anordnungen des Tierarztes sind genauestens zu beachten.

Bei frischen **Verletzungen** reinigt man zunächst die Umgebung der Wundstelle und entfernt dann die in der Wunde sichtbaren Fremdkörper. Dann wird die Wundstelle, so gut es möglich ist, durch sauberes Verbandszeug abgedeckt, das mit keimzerstörenden Mitteln (schwachen Lösungen von Lysol, Kreolin oder Suplimat) getränkt ist. Stark blutende Wunden werden durch Andrücken sauberer Verbandstoffe, wenn nichts anderes zur Hand ist, sauberes Taschentuch, oder wo dies möglich ist, durch vorübergehendes Abbinden der Blutzufuhr, bekämpft. Jedoch darf dieses Abbinden allerhöchstens zwei Stunden dauern, sonst stirbt das betreffende Glied ab. Wenn die Blutung aufgehört hat, wasche man nicht an der Wunde herum. Der Blutkuchen ist der beste Wundschutz.

Bei jeder Verletzung ist die Gefahr des **Wundstarrkrampfes** gegeben. Der Erreger ist besonders häufig im Mist und gedüngtem Boden vorhanden und vermehrt sich besonders rasch in tiefen Wunden (Stichen o.ä.). Deshalb sollte man nach einer Verletzung Starrkrampfserum durch einen Tierarzt spritzen lassen.

Bei einem **Nageltritt**, der besonders gegen die Strahlspitze zu, sehr gefährlich sein kann, muß der Nagel in der gleichen Richtung wie er eingedrungen ist, herausgezogen werden. Gut ist es, wenn die Wunde stark blutet, damit eingedrungene Bazillen oder Schmutz herausgeschwemmt werden. Wenn Jodtinktur zur Hand ist, schüttet man etwas in die Wunde und legt dann einen Splintverband an, evtl. mit Taschentüchern, wenn nichts anderes zur Hand ist (Abb. 3). Zu Hause läßt man den Schmied oder Tierarzt nachsehen.

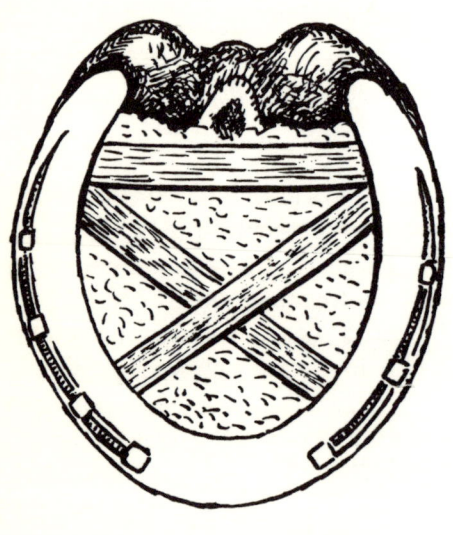

Abbildung 3: Splintverband

Lahmheiten können verschiedene Ursachen haben und zeigen sich von kaum sichtbarem Klammgehen bis zum nicht mehr auf den kranken Fuß-Treten. Zuerst stellt man fest, ob es sich um eine Stützbein- oder um eine Hangbeinlahmheit handelt. Bei der **Stützbeinlahmheit**, die ihren Sitz unterhalb des Vorderfußwurzel- bzw. Sprunggelenks hat, führt das Pferd das kranke Bein regelmäßig vor, tritt jedoch nur zögernd auf und fällt auf das gegenüber liegende gesunde Bein stark ein. Hierbei liegt die Lahmheit in den meisten Fällen im Huf, falls keine dicken und warmen Sehnen vorhanden sind. Man läßt am besten den Schmied nachsehen. Oftmals hilft schon ein Einschlag mit dickem Lehmbrei oder gekochtem Leinsamen in der Hufsohle, der jedoch nie trocken werden darf. Vorher muß jedoch der Huf sauber ausgeräumt werden, vor allem auch in den Eckstrebenwinkeln, da sich dort oft Fremdkörper (Steine usw.) festklemmen und zu Lahmheiten führen. Warme und dicke Sehnen werden gekühlt. Am besten stellt man die Pferde eine zeitlang in fließendes Wasser, wo dies möglich ist.

Bei **Hangbeinlahmheiten**, die ihren Sitz oberhalb der vorher genannten Gelenke haben, führt das Pferd die erkrankte Gliedmaße nicht soweit vor wie normal, macht also einen kürzeren Schritt, kann jedoch wie bei der Stützbeinlahmheit stark auf das gegenseitige gesunde Bein einfallen. Hangbeinlahmheiten sind immer gefährlich, da sie ihren Sitz in den Gelenken haben, und man sollte deshalb auch grundsätzlich, wie bei allen starken Lahmheiten, den Tierarzt zu Rate ziehen. **Spat** ist eine knöcherne Auftreibung an den Innenseiten der Sprunggelenke, die zu vorübergehender Lahmheit, besonders wenn das Pferd frisch aus dem Stall kommt, führen kann.

Gallen entstehen an den Sprunggelenken und den Fesselgelenken durch Austreten von Gelenkflüssigkeit und führen nur bei sehr starker Entwicklung (Kreuzgallen in den Sprunggelenken und verhärtete Gallen) zu Lahmheit.

Bei **Vernagelung**, die beim Beschlagen durch Unachtsamkeit des Schmiedes vorkommen kann, geht das Pferd nach etwa zwei bis vier Tagen nach dem Beschlagen stark lahm, und die Hufwand fühlt sich heiß an. Der betreffende Nagel muß sofort herausgezogen und die Entzündung behandelt werden. In schweren Fällen ist der Tierarzt zu rufen. Wenn ein Pferd nach dem Beschlagen lahm geht, besteht immer der Verdacht auf Vernagelung.

Gewährsmängel

Als Gewährs- oder Hauptmängel werden folgende sechs Fehler eines Pferdes bezeichnet: Dämpfigkeit, Koppen, Kehlkopfpfeifen (im Volksmund auch Rohren genannt), Dummkoller, Periodische Augenentzündung und Rotz.

Der Verkäufer eines Pferdes hat diese Hauptmängel beim Verkauf bekannt zu geben oder falls sie innerhalb von 14 Tagen nach dem Verkauf in Erscheinung treten, das Pferd wieder zurück zu nehmen unter Erstattung der Transportkosten und des Futtergeldes. Hat man ein solches Pferd gekauft und stellt einen der o.a. Gewährsmängel fest, ist es am besten, sich über die §§ 481 bis 492 des Bürgerlichen Ge Gesetzbuches zu orientieren, die alles in diesem Falle besagen. **Dämpfigkeit** ist eine chronische, unheilbare Erkrankung der Lunge und des Herzens. Das Pferd hat starke Atembeschwerden, und es bildet sich die sogenannte „Dampfrinne" am Rippenbogen. Beim **Koppen** gibt es zweierlei Arten, das Aufsatzkoppen und das Freikoppen. Beim Aufsatzkoppen setzen die Pferde mit den Schneidezähnen auf irgend einem Gegenstand auf und schlukken mit einem hörbaren Laut Luft, während der Freikopper ohne aufzusetzen Luft schluckt. Kopper bekommen durch die verschluckte Luft oft Kolik.

Kehlkopfpfeifen ist eine unheilbare, chronische Erkrankung des Kehlkopfes oder der Luftröhre. Man hört in der Bewegung bei jedem Atemzug ein pfeifendes Geräusch, das verschieden stark sein kann.

Pferde mit **Dummkoller** machen einen müden und blöden Eindruck. Wenn man ihnen in die Ohrmuschel greift oder auf die Kronen tritt, reagieren sie nicht darauf. Ebenso stecken sie beim Saufen den Kopf bis über die Nüstern ins Wasser und lassen oft beim Fressen das Heu aus dem Maul hängen, ohne weiter zu kauen.

Die **periodische Augenentzündung**, auch Mondblindheit genannt, ist eine auf inneren Einwirkungen beruhende, entzündliche Veränderung der inneren Organe des Auges. Das Auge tränt stark. Mit der Zeit kann es zur völligen Erblindung kommen.

Rotz ist eine ansteckende, auf den Menschen übertragbare Krankheit, die nicht heilbar ist. Man unterscheidet Lungen-, Nasen- und Hautrotz. Bei Lungen- und Nasenrotz hat das Pferd einen eitrigen, schleimigen Ausfluß aus der Nase, oftmals mit Nasenbluten verbunden. Bei Hautrotz bilden sich kleine, eitrige Knötchen auf der Haut, die nach einiger Zeit aufbrechen. Rotz ist anzeigepflichtig.

Unarten

Manche Pferde gewöhnen sich im Verlauf ihres Daseins Unarten an, die sehr unangenehm werden können. Diese Unarten sind jedoch nicht zu verwechseln mit Untugenden, die viel schlimmer sind und denen der Hobbyfahrer meist hilflos gegenüber steht, deshalb warne ich vor dem Kauf solcher Pferde.

Als die bekanntesten Untugenden sind zu nennen, das notorische Schlagen und Beißen gegen den Menschen. Um mit solchen Pferden umzugehen, braucht es einer jahrelangen Erfahrung.

Die kleineren Unarten jedoch, die sich sowohl im Stall, als auch bei der Arbeit zeigen können, kann man den Pferden im allgemeinen abgewöhnen.

Es gibt Pferde, die beim Betreten des Stalles beinahe die Boxwände mit den Vorderhufen zusammen schlagen. Dieses starke **Klopfen** gefährdet nicht nur die Boxwände, sondern hat schon oft zu Lahmheiten geführt. Diese Unart wird den Pferden durch zu vieles Füttern von Leckerbissen, so oft man den Stall betritt, anerzogen. Es ist leicht abzugewöhnen, wenn man konsequent den Pferden tagsüber nichts mehr gibt. Ein Leckerbissen morgens, wenn man in den Stall kommt und nach der Arbeit genügen vollkommen, um das Vertrauen zwischen Mensch und Tier zu fördern und zu erhalten.

Eine weitere Unart ist das **Benagen** von Holz jeglicher Art, seien es neue Boxwände oder Trennwände usw. Hier hilft nur ein Anstrich mit Karbolineum, der öfter wiederholt werden muß.

Beim Fahren ist eine der übelsten Unarten das **Leinenfangen** mit dem Schweif. Ein Mittel gegen diese Unart gibt es nicht. Man kann durch Höhermachen des Kutschbockes, damit man höher sitzt und dadurch die Leinen weiter vom Pferderücken weg sind, die Gefahr etwas verringern. Bei diesen Pferden verwendet man möglichst dicke Schweifmetzen, damit das Pferd nicht in der Lage ist, den Schweif und damit die gefangene Leine einzuklemmen. Vor allem muß man während des Fahrens acht geben, daß das Pferd die Leine nicht fangen kann. Wenn es doch mal vorgekommen ist, ja nicht an der Leine ziehen, sondern nachgeben, so paradox das klingt und Halt, oder das gebräuchliche Wort für Halt sagen. So bringt man die Leine am besten wieder hervor. Wenn man an der Leine zieht, fangen die meisten Pferde an zu schlagen oder stürmen planlos davon. Ein notorischer Leinenfänger stellt immer eine Gefahr für ein Gespann dar und sollte möglichst nicht als Fahrpferd verwendet werden.

Unter **Abdeichseln** versteht man das Abdrängen von der Deichsel. Die Pferde machen sich dabei auf der Innenseite hohl und die Pferdeköpfe scheinen zusammen gezogen. Hier hilft nur sofortiges Umspannen und längerschnallen der Aufhalter, oder falls das nicht geht, längerschnallen der Stränge, also möglichst lose Anspannung.

Drängen ist das Gegenteil von Abdeichseln. Dabei drängen die Pferde gegen die Deichsel. Auch hier hilft nur Umspannen. Abdeichseln und Drängen haben oftmals ihren Grund darin, daß der Gleitschutz der Eisen

(Stollen) nicht mehr intakt ist und die Pferde auf den glatten Straßen stark rutschen und dadurch Angst bekommen, zu fallen.

Nervöse Pferde haben oftmals die Angewohnheit, bei jeder **Steigung** zu galoppieren und verrückt zu spielen. Sie haben Angst, den Wagen nicht den Berg hochzubringen. Man darf diese Pferde auf keinen Fall versuchen durchzuparieren, da sie sonst stehen bleiben und nicht mehr anziehen. Versucht man dann wieder anzufahren, so steigen sie und springen vor- oder rückwärts, bis etwas gerissen ist. Man nehme solche Pferde etwa 100 m vor einer Steigung aus dem Zug, ausnahmsweise durch Längerschnallen der Stränge, da sich das Pferd durch Zurückschnallen auf der Leine noch mehr aufregt und fahre dann in ruhigem Schritt den Berg hinauf, indem man beruhigend auf das Pferd einspricht. Dies wird so oft wiederholt, bis das Pferd ruhigen Schrittes geht und sich nicht mehr aufregt. Das kann oft tage- ja wochenlang dauern. Auf alle Fälle muß man mit solchen Pferden schon sehr früh vor einer Steigung zum Schritt durchparieren und darf nicht im Trab in die Steigung hineinfahren. Man braucht gerade bei solchen Pferden eine ganz weiche, bittende, ruhige Hand, die während

des Bergauffahrens nie stört. Erfolg wird man jedoch nur haben, wenn an der festen Sprengwaage angespannt ist, niemals an der Spielwaage.

Eine weitere Unart ist das **Scheuen**, das sehr unangenehm werden kann. Auch hier braucht man sehr viel Geduld und Ruhe, da das Scheuen aus Angst vor etwas Unbekannten beruht. Nicht strafen, sonst wird die Angst immer größer. Ist man zu zweit, steigt einer vom Wagen und geht zu dem Pferd vor und spricht beruhigend mit ihm. Wenn möglich, führt man das Pferd an den furchterregenden Gegenstand heran, klopft ihm den Hals unter dauerndem Zureden, läßt es an dem Gegenstand schnuppern und gibt ihm dabei einen Leckerbissen, den jeder Fahrer und Reiter grundsätzlich in der Tasche hat. Wenn möglich, gewöhnt man die Pferde schon in frühester Jugend an Kraftfahrzeuge (Auto, Zugmaschinen usw.), indem man mit diesen Fahrzeugen auf dem Stallhof, der den Pferden am vertrautesten ist, um die Pferde herumfährt, ihnen auf dem Kühler des laufenden Motors die Futterschwinge mit Hafer hinhält und sie fressen läßt, oder aus dem Auto heraus einen Leckerbissen gibt.

Eine zeitlang so behandelt, hört allmählich die Angst und damit das

Scheuen auf. Voraussetzung ist aber das Vertrauen des Pferdes zum Menschen. Das Pferd muß wissen, daß ihm im Beisein des Menschen nichts Böses passieren kann.

Geschirrlehre und -pflege

In der Pferdebeschirrung kennt man zwei Arten von Geschirren, das **Kumtgeschirr** und das **Sielengeschirr**. Welches Geschirr man für seine Zwecke benützt, hängt zum großen Teil von der Ansicht und dem persönlichen Geschmack des Fahrers, aber auch von der Größe der Pferde, der Rassezugehörigkeit und dem Gelände, in dem das Pferd als Wagenpferd eingesetzt wird, ab. In bergigem Gelände und für große Pferde wird man dem Kumt den Vorzug geben, weil es durch seine Beschaffenheit auf einer großen Fläche der Pferdeschuler aufliegt, Luftröhre und Buggelenk freiläßt, so daß das Pferd durch nichts behindert, seine volle Kraft ins Geschirr legen und vorwärts gehen kann. Auch kann das Pferd im Kumtgeschirr die Last besser aufhalten, falls mal die Bremse versagt.

Das Kumt soll die Form einer Birne und nicht die eines Eies haben, damit es gut auf der Pferdeschulter aufliegt. Der Nachteil des Kumtgeschirrs ist, daß nicht jedes Kumt jedem Pferd paßt, jedoch kann man hier durch verschiedene lange Langringe (Kumtschließer) die Kumte länger oder breiter machen. Bei zu großen Kumten benützt man ein Unterkumt, bei zu langen Kumten kann man mit einem Keilkissen Abhilfe schaffen (Abb. 4). Für kleine, leichte Pferde und bei Ponys dürfte das Sielengeschirr (Brustblattgeschirr) wohl am geeignetsten sein, da es mit wenigen Handgriffen jedem Pferd verpaßt werden kann. Das ist der große Vor-

**Abbildung 4:
Keilkissen für Kumte**

teil des Sielengeschirrs. Leider hat es auch einige Nachteile, die allerdings beim Hobbyfahrer nicht so sehr ins Gewicht fallen, da der schwere Zug kaum in Frage kommt. Im Sielengeschirr zieht das Pferd nur mit der Brust, wobei das Brustblatt im schweren Zug die Brust zusammendrückt und die freie Vorwärtsbewegung stört, wenn es zu tief auf dem Buggelenk liegt, andererseits die Atmung erschwert, wenn es zu hoch liegt und mit seiner oberen Kante auf die Luftröhre drückt. Auch kann das Pferd, wenn ohne Hinterzug gefahren wird, den Wagen schlecht aufhalten, da alles viel zu lose ist.

Wichtig ist bei beiden Geschirrarten, daß sie gut verpaßt sind und damit dem Pferd das Ziehen erleichtern. Oftmals muß man sich wundern, wenn man Gespanne sieht, bei denen die Pferde mit einem Riemengewirr geschirrt sind, das den Namen Geschirr überhaupt nicht verdient, daß die Pferde überhaupt ziehen und vorwärts gehen.

Das Kumtgeschirr

Das Kumtgeschirr (Abb. 5) besteht aus dem Kumtkissen, das mit Roßhaaren gepolstert ist, zwei Kumtbügeln mit beweglichen Leinenaugen und den Zugkrampen, dem Kumtgürtel, dem Langring mit Aufhaltering, zwei Strangstutzen mit Strangstutzenschnalle und Oberblattstößel, kleinem Bauchgurt und Bauchgurtstrippe, dem Sprungriemen, dem Kammdeckel mit großem Bauchgurt und Bauchgurtstrippe, zwei Oberblattstrippen, die in die Oberblattstößel zur Verbindung des Kammdeckels mit der Strangstutze eingeschnallt werden, zwei feststehenden Leinenaugen, dem Kammdeckelschlüssel mit Fallring zum Einschnallen des Schweifriemens, Schweifriemen mit angenähter, nicht angeschnallter Schweifmetze und den beiden Strängen, wovon der innere vorn eckig, der äußere spitz sein soll. Länge der Stränge: siehe Seite 43.

Zum Kumtgeschirr gehört als Zäumung das **Kopfgestell** (Abb. 6). Es besteht aus dem Kopfstück mit Blendriemenschnalle, dem Stirnriemen, zwei Backenstücken mit Scheuklappen und Blendriemen, die, um die Scheuklappen in ihrer richtigen Lage zu halten, aus einem Stück gearbeitet sein müssen, dem Spieler, der nur dazu dient, die Köpfe eines Pferdepaares bei ungleichmäßigen Abzeichen gleichmä-

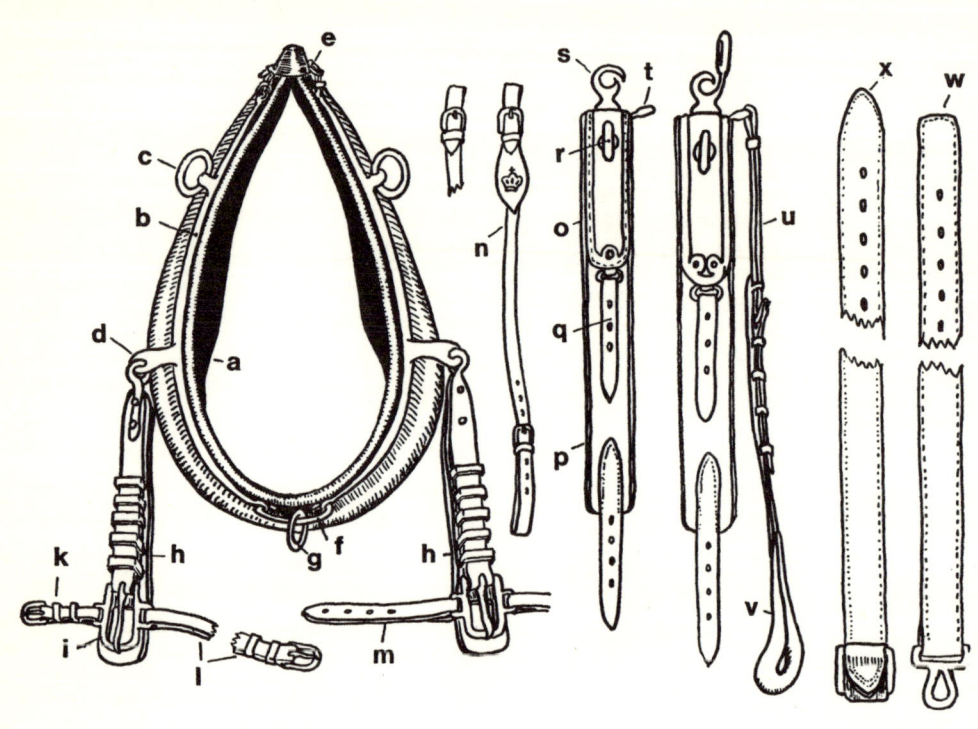

Abbildung 5: Kumtgeschirr

a **Kumtkissen, b Kumtbügel, c bewegliches Leinenauge, d Zugkrampe,
e Kumtgürtel, f Langring, g Aufhaltering, h Strangstutze, i Strangstutzenschnalle, k Oberblattstößel, l kleiner Bauchgurt, m Bauchgurtstrippe,
n Sprungriemen, o Kammdeckel, p großer Bauchgurt, q Oberblattstrippe,
r feststehendes Leinenauge, s Kammdeckelschlüssel, t Fallring, u Schweifriemen, v Schweifmetze, w innerer Strang, x äußerer Strang**

ßiger erscheinen zu lassen, dem Nasenriemen, dem Kehlriemen und
dem Gebiß. In Abbildung 7 sind
verschiedene Gebisse aufgeführt.

Beim Geschirr für den täglichen Gebrauch können einige der hier auf-
geführten Einzelteile weggelassen
werden, wie z.B. der Sprungriemen.

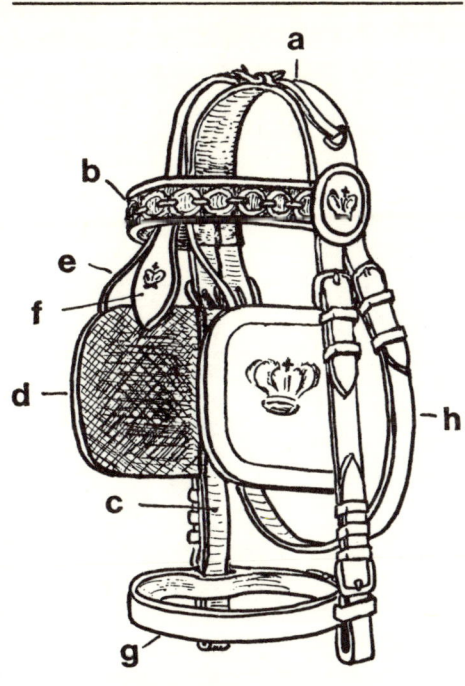

Abbildung 6: Kopfgestell

a **Kopfstück mit Blendriemen-**
   schnalle,

b **Stirnriemen mit Kette,**

c **Backenstück,**

d **Scheuklappe,**

e **Blendriemen,**

f **Spieler,**

g **Nasenriemen,**

h **Kehlriemen**

Für den **Kammdeckel** wird der Rückenriemen (Überrück) verwendet, dessen beide Strippen in die beiden Oberblattstößel eingeschnallt werden (Abb. 8). Der

Schweifriemen geht durch bis zum Kumt, wird dort in eine dafür vorhandene Öse eingeschnallt und verhindert so, daß das Kumt nicht in Richtung zu den Ohren vorrutscht.

Das Kopfgestell wird durch das sogenannte „Fahrhalfter" (Abb. 9), ohne Scheuklappen, ersetzt. Bei dieser Zäumung liegt der Schopf über dem Stirnriemen, während er bei dem Kopfgestell mit Scheuklappen unter den Stirnriemen gehört. Das Gebiß kann durch Knebel leicht ein- und ausgeknebelt werden.

Das bis jetzt über das Kumtgeschirr Gesagte gilt für das Zweispännergeschirr. Beim **Einspännerkumtgeschirr** (Abb. 10) sind einige Dinge anders. Das Kumt selbst ist genau wie beim Zweispänner, hat jedoch statt des Langrings eine Schlußkette und die beiden Kumtbügel enden unten statt in der Öse, in einem Haken zum Einhaken der Schlußkette. Jedoch kann man ohne weiteres die Kumtbügel mit Langring benützen, nur nimmt man den Aufhaltering weg, da er nicht gebraucht wird, ausgenommen man fährt mit Zweispänner-Deichsel, was man jedoch nur ausnahmsweise tun soll. Die **Strangstutzen** sind so kurz, daß die Strangstutzenschnalle vor der Trageöse liegt (Abb. 11). Deshalb

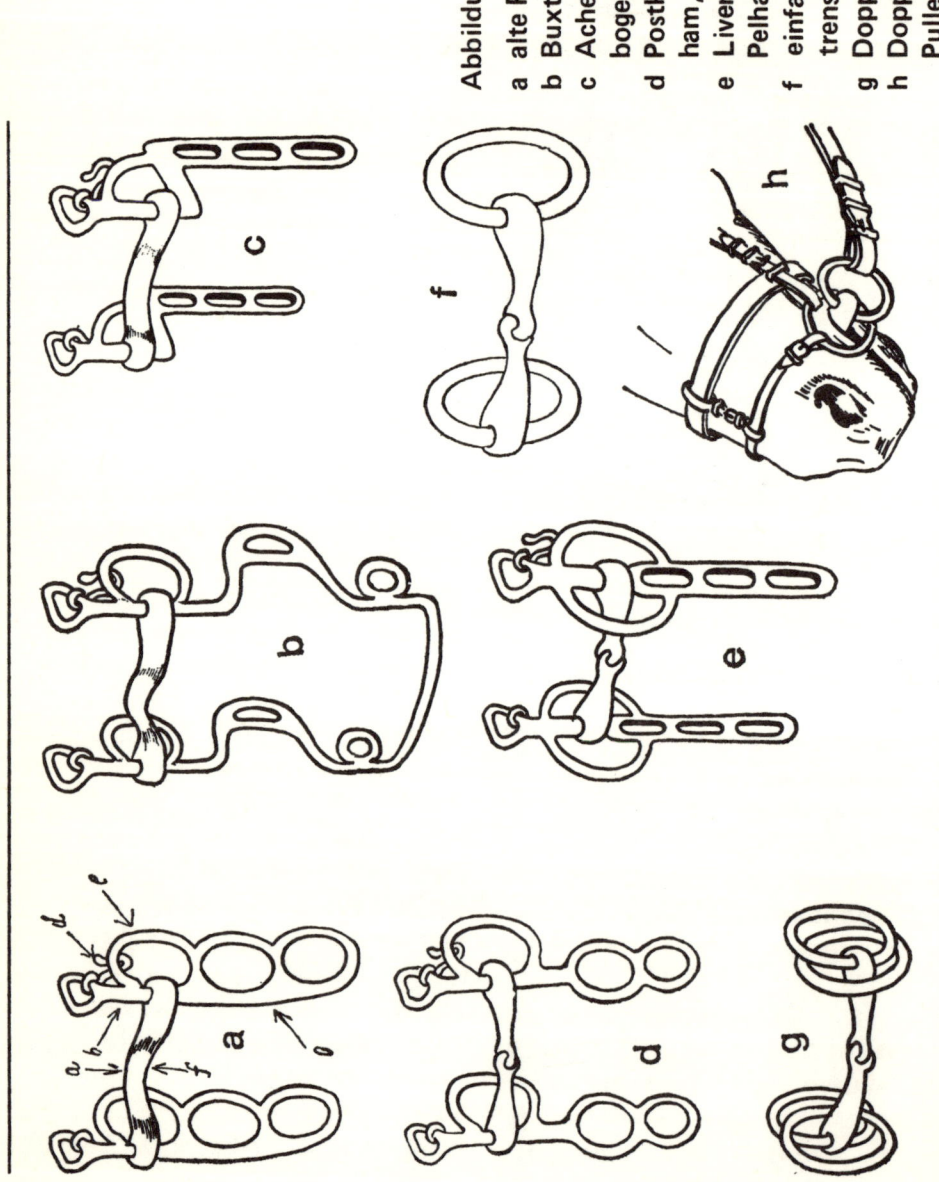

Abbildung 7: Gebisse

a alte Postkandare,
b Buxtonkandare,
c Achenbachsche Ell-
   bogenkandare,
d Postkandare als Pel-
   ham,
e Liverpoolkandare als
   Pelham,
f einfache Wasser-
   trense,
g Doppelringtrense,
h Doppelringtrense mit
   Pullerriemchen

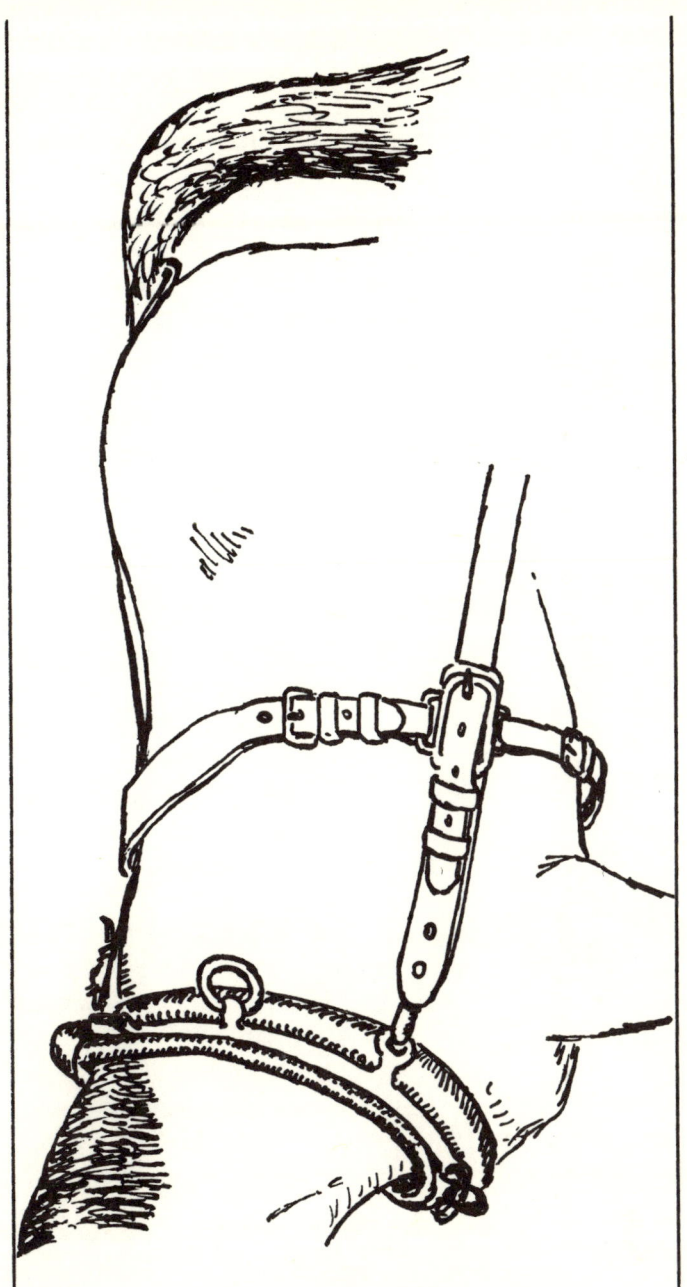

Abbildung 8: Rückenriemen (Überrück) statt Kammdeckel

Länge der Stränge bei Sprengwaage mit beweglichen Ortscheiten, für große Pferde!
Außenstrang: 2,03 m, Innenstrang: 1,98 m
5 Löcher zum Verschnallen, von Loch zu Loch 6 cm Zwischenraum.
Vom mittleren Loch bis Ende nach vorn: 0,35 m.
Vorderstränge bei Vier- und Mehrspänner: Außenstrang: 1,80 m, Innenstrang: 1,75 m,
Löcher wie oben.

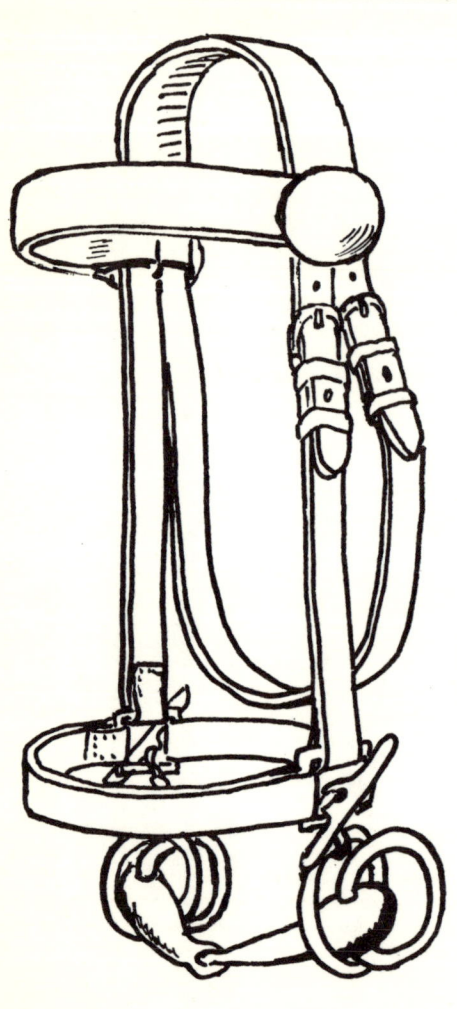

Abbildung 9:
Fahrhalfter mit eingeknebeltem Ge-
biß, das man zum Aufzäumen auf
der linken Seite einknebelt, weil im
allg. der Kinnriemen keine Schnal-
le hat.

paßt auch keine Strangstutze eines Zweispännergeschirrs, da die Trage-öse dann direkt auf der Strang-stutzenschnalle liegt und dort emp-findlich stört. Dann lieber noch durchgehende Stränge von den Zug-krampen bis zum Strangstößel in das sie eingeschnallt werden und das auf das Ortscheit gestreift wird (Abb. 12). Diese Stränge haben je-doch den Nachteil, daß sich die Schweifhaare in den Schnallen der Strangstößel festklemmen und ab-oder gar ausgerissen werden und der Schweif so allmählich dünn und unansehnlich wird.

Statt des Kammdeckels hat das Einspännergeschirr, gleichgültig ob Kumt oder Siele, eine **Selette** (Abb. 10) mit Trageriemen, in den die Trageösen eingeschnallt wer-den. Für zweirädrige Wagen be-nützt man lederne, für vierrädrige Wagen eiserne Trageösen.

Selette und Kammdeckel müssen gut gepolstert sein, damit die Kam-mer, bei Pferden mit hohem und langem Widerrist, keine Druckstel-len erzeugt. Kammdeckelunterlagen und mögen sie noch so schön sein, verhindern dieses Übel nicht. Da gibt es nur eines: Zum Sattler ge-hen und neu aufpolstern lassen, ggf. das Eisengestell enger oder brei-ter machen, damit der Kammdeckel

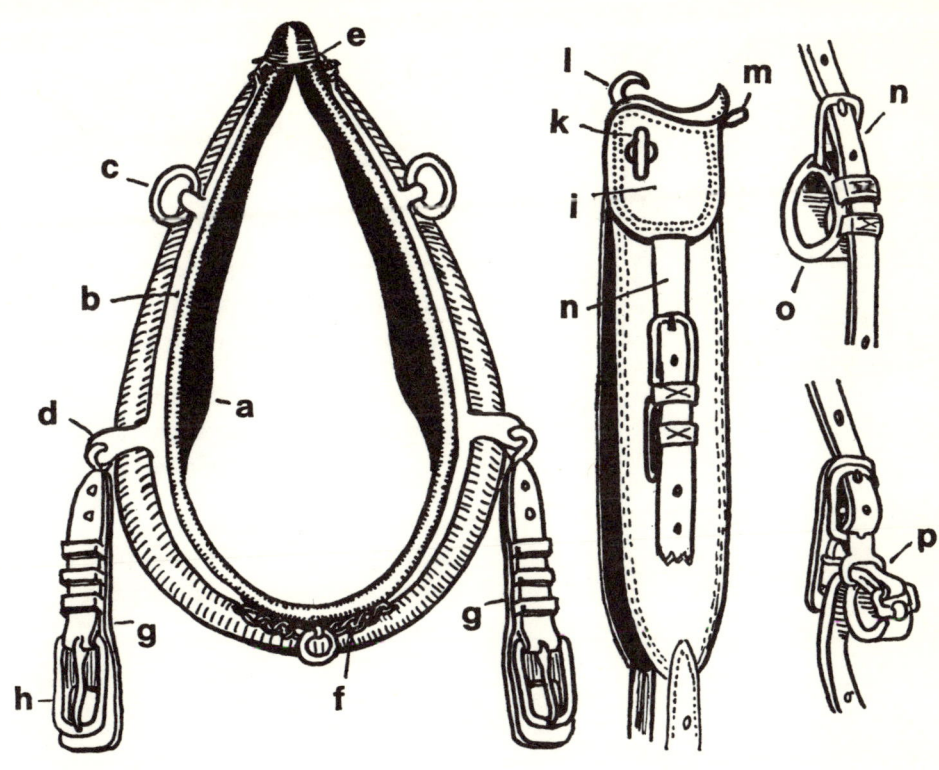

Abbildung 10: Einspännerkumtgeschirr

a Kumtkissen, b Kumtbügel, c bewegliches Leinenauge, d Zugkrampe, e Kumtgürtel, f Schlußkette mit kleinem Ring für den Sprungriemen, g kurze Strangstutze, h Strangstutzenschnalle, i Selette, k feststehendes Leinenauge, l Aufsatzhaken, m Fallring, n Trageriemen, o lederne Trageöse für 2-Räderwagen, p eiserne Trageöse für 4-Räderwagen

oder die Selette für das betreffende Pferd paßt. Die Selette darf keinesfalls auf dem Widerrist liegen, sondern muß durch ihre gute Paßform auf der richtigen Stelle liegen und durch den Schweifriemen in der richtigen Lage gehalten werden. Wenn die Selette zu weit nach vorn liegt, erscheint der Rücken des Pferdes zu lang. Hals und Schultern je-

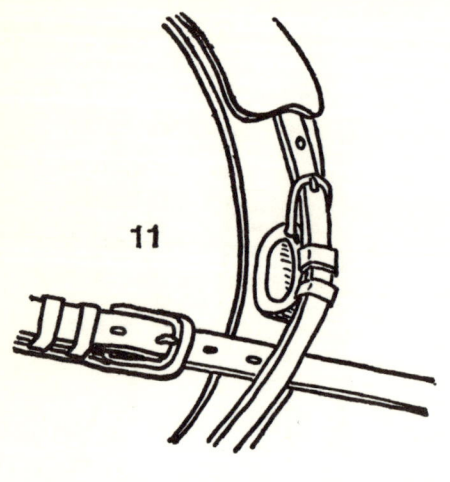

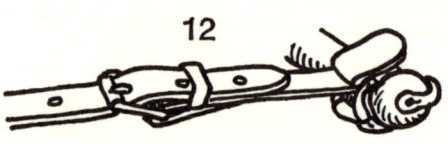

Abbildung 11 (links oben):
Kurze Strangstutze für Einspänner

Abbildung 12 (rechts oben):
Strangstößel für durchgehende
Stränge beim Einspänner

Abbildung 13 (unten):
Schlagriemen für Einspänner
a Schlagriemen, b Schnallstößel

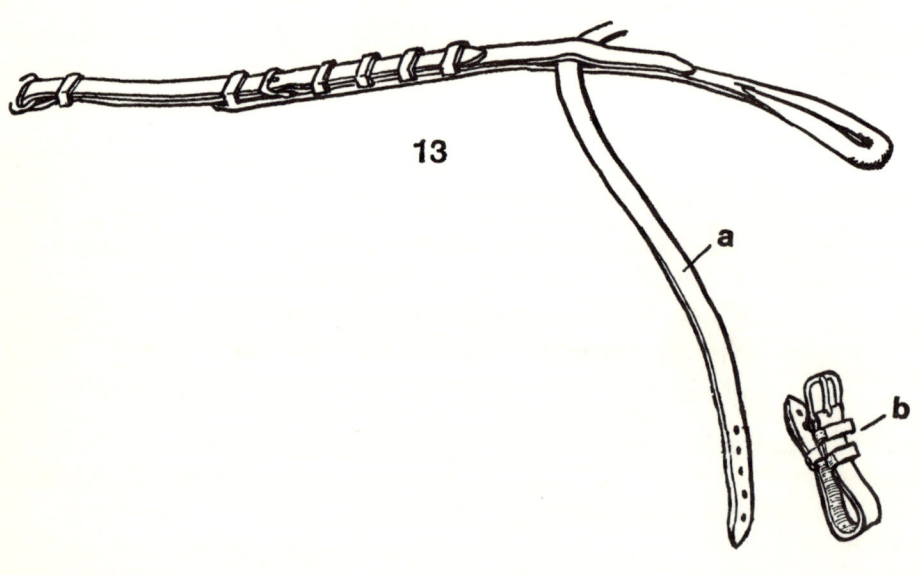

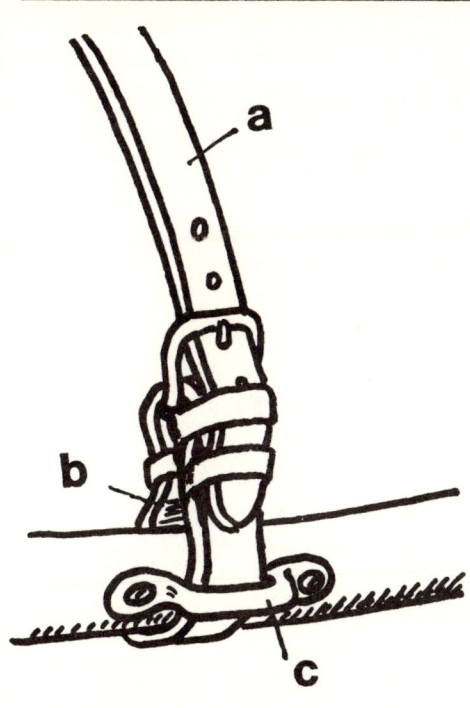

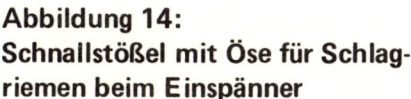

Abbildung 14:
Schnallstößel mit Öse für Schlag-
riemen beim Einspänner

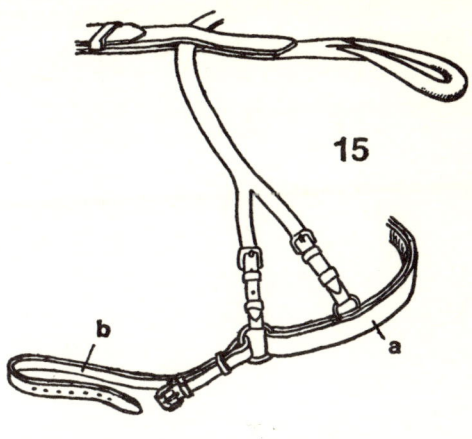

Abbildung 15:
Hintergeschirr mit Umgang
a Umgang, b Scherenriemen

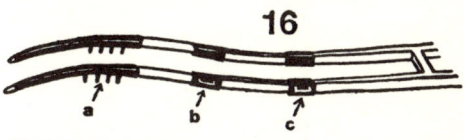

Abbildung 16:
Korrekte Scheren für Einspänner
a Zapfen, b Öse für Scherenriemen,
c Öse für Schlagriemen

doch zu kurz, und es besteht die Gefahr, daß dabei die Ellbogen des Pferdes durchgescheuert werden.

Der **Schlagriemen** (Abb. 13) muß hinter der Hüfte des Pferdes liegen und mit seinem Schnallstößel in einer Öse an den Scherbäumen (Abb. 14) befestigt sein. Er muß so

geschnallt sein, daß das Pferd auch im starken Trabe nicht behindert wird.

Fährt man mit **Hintergeschirr**, was in bergigem Gelände unbedingt zu empfehlen ist, muß der Umgang (Abb. 15) so geschnallt sein, daß man, wenn das Pferd in den Strängen steht, rechts und links unterhalb des Sitzbeines, je eine Faust zwischen Umgang und Pferd durchstecken kann. Die obere Kante des Umgangs soll eine Handbreite unter dem Sitzbeinhöcker liegen. Mit dem Scherenriemen (Abb. 15) wird der Umgang in den dafür vorhandenen Ösen rechts und links an den Scheren verpaßt und festgeschnallt (Abb. 16).

Das Sielengeschirr

Das Sielengeschirr, so wie wir es für unsere Zwecke brauchen (Abb. 17), besteht aus dem Brustblatt mit Aufhaltering, dem Halsriemen mit Leinenaugen, dem Kammdeckel oder Kammkissen wie beim Kumtgeschirr, dem Schweifriemen und den Strängen und gegebenenfalls dem Hintergeschirr.

Für das Einspännersielengeschirr gilt dasselbe (Siehe auch Kapitel Anspannen Einspänner).

Verpassen des Geschirrs

Das Verpassen des Geschirrs ist besonders wichtig und darf keinesfalls auf die leichte Schulter genommen werden, denn nur mit einem gut verpaßten und damit gut passenden Geschirr ist das Pferd in der Lage, seine ganze Kraft zum Fortbewegen einer Last einzusetzen. Das Kumt muß auf einer möglichst großen Fläche der Pferdeschulter aufliegen und Buggelenke und Luftröhre freilassen. Man muß mit den Fingerspitzen der vier Finger, ausgenommen Daumen, rechts und links seitlich zwischen Kumt und Pferdehals entlang fahren und unten mit der Faust zwischen Kumt und Luftröhre eingreifen können. Die Zugrichtung, das ist die Linie zwischen Zugkrampen und Ortscheit, darf nicht durch zu kurz geschnallte Oberblattstrippen, oder zu kurz geschnallten kleinen Bauchgurt, auch Sprenggurt genannt, gebrochen sein. Der günstigste Zugrichtungswinkel liegt etwa bei 10 bis 12 Grad. Unangenehmer wird es, wenn er kleiner ist, denn dann rutscht das Geschirr oder das Brustblatt nach oben und behindert das Pferd in der Atmung. Das kommt sehr leicht bei kleinen Pferden vor, die vor einen zu großen, hohen Wagen gespannt werden. Schon allein daraus ergibt sich die Tatsache, daß man kein Pony vor einen Wagen für große Pferde spannen kann.

Der Kammdeckel soll hinter dem Widerrist liegen und genügend hoch

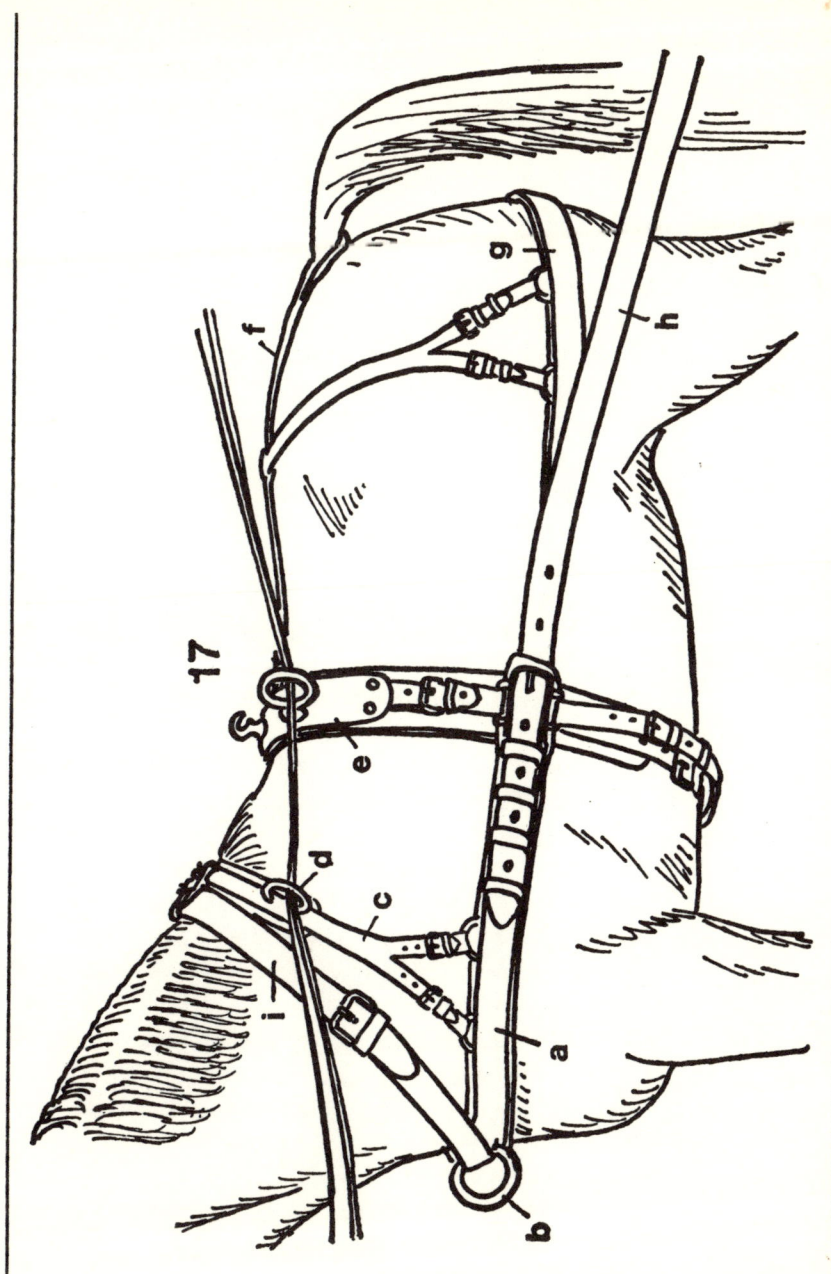

Abbildung 17: Sielengeschirr — a Brustblatt, b Aufhaltering, c Halsriemen, d Leinenauge, e Kammdeckel, f Schweifriemen, g Umgang, h Stränge, i Halskoppel

gepolstert sein, um bei hohem und langem Widerrist Druckstellen zu vermeiden. Der Schweifriemen muß richtig geschnallt sein, um den Kammdeckel, der dem Pferdekörper gut angepaßt sein muß, in seiner richtigen Lage zu halten. Wird der Kammdeckel zwangsweise durch den Schweifriemen hinter dem Widerrist gehalten, weil er nicht dem Pferdekörper angepaßt ist, besteht die Gefahr, daß die Schweifrübe durch den zu stramm anstehenden Schweifriemen durchgescheuert wird. Man ersieht daraus, wie wichtig es ist, daß der Kammdeckel bzw. das Kammkissen oder die Selette dem Pferdekörper angepaßt ist.

Der Innenstrang soll beim Zweispänner 5 cm kürzer als der Außenstrang sein, damit das Ortscheit (Schwengel) nicht gegen die Sprengwaage schlägt.

Beim Sielengeschirr muß vor allem darauf geachtet werden, daß das Brustblatt, das je nach Größe der Pferde zwischen 8 und 13 cm breit ist, auf der richtigen Stelle der Brust liegt. Die untere Kante des Brustblatts soll zwei Finger breit über der Buggelenkspitze liegen und dabei darf die obere Kante nicht auf die Luftröhre drücken, weil sonst dem Pferd das Atmen er-

schwert, bei schwerem Ziehen fast unmöglich gemacht wird. Deshalb auch die verschiedene Breite des Brustblatts. Ein Brustblatt für ein großes Pferd kann keinem Shetlandpony verpaßt werden.

Die richtige Lage des Brustblatts wird durch Verschnallen des Halsriemens und der Oberblattstrippen herbeigeführt. Die Halskoppel (Abb. 17) dürfte beim Hobbyfahren entfallen. Sollte sie jedoch irgendwo benützt werden, so ist sie oben mit dem Halsriemen und unten mit dem Brustblatt im Aufhaltering fest zu verbinden, andernfalls ist sie wertlos. Falls statt des Kammdeckels oder Kammkissens ein Rückenriemen (Überrück) verwendet wird, muß der Schweifriemen bis zum Halsriemen vorgehen und mit diesem verbunden sein, damit das Pferd wenigstens einigermaßen anhalten kann. Am vorteilhaftesten ist auch hierbei der Umgang, der dem Pferd das Aufhalten ungemein erleichtert und ermöglicht. Die Umgangstrippen müssen so lang sein, daß sie in die Strangstutzenschnallen mit den Strängen eingeschnallt werden können (Abb. 17).

Über die Lage des Kammdeckels oder Kumtkissens sowie die Länge des Schweifriemens und der beiden

Stränge gilt das Gleiche wie beim Kumt.

Auch das **Zaumzeug** ist sehr sorgfältig zu verpassen, damit sich das Pferd wohlfühlt. Das **Stirnband** darf nicht zu kurz sein, sonst klemmt und drückt es an den Ohren. Bei **Scheuklappen** kommt der Schopf des Pferdes unter das Stirnband, ohne Scheuklappen jedoch über das Stirnband. Die Scheuklappen müssen so liegen, daß das Auge zwischen dem ersten und zweiten Drittel der Scheuklappen von oben nach unten liegt. Wenn die Scheuklappen nicht richtig verpaßt sind, können sie ihren Zweck, die Peitschenhilfen unsichtbar für die Pferde zu geben, nicht erfüllen.

Die Scheuklappe hat mit Scheuen gar nichts zu tun, sondern sie soll verhüten, daß die Pferde dauernd nach der Peitsche schielen und das temperamentvollere Pferd bei einer Peitschenhilfe, die dem Faulen gilt, jedesmal nach vorne springt und so ungewollt die Peitschenhilfe mehr annimmt als der, dem sie gegolten hat.

Die Scheuklappen sollen etwas nach außen gearbeitet sein, damit sie nicht auf die Augen des Pferdes drücken. Den richtigen Sitz der Scheuklappen stellt man durch Verschnallen an den oberen Bakkenstückschnallen und den Strippen des Kopfstücks her.

Das **Gebiß**, beim Kumtgeschirr Kandare, beim Sielengeschirr Doppelringtrense, bei Ponys auch einfache Wassertrense, muß so im Maul liegen, daß es die Maulwinkel nicht hoch zieht, aber auch nicht so tief, daß es auf den Hakenzähnen bzw. bei Stufen an der Stelle, wo beim Hengst die Hakenzähne liegen, liegt, da ja Stuten im allgemeinen keine Hakenzähne haben. Die richtige Lage des Gebisses stellt man durch Verschnallen an der unteren **Backenstückschnalle** her. Der Nasenriemen (Abb. 18) darf nicht durch die Backenstücke durchlaufen, wie das im allgemeinen üblich ist, denn dann liegt er viel zu hoch, sondern die Backenstückstrippen müssen durch die an dem Nasenriemen angebrachten Durchlässe und Schlaufen durchgehen, damit der Nasenriemen auf- und abgeschoben und damit an der richtigen Stelle zugeschnallt werden kann. Er soll so weit bzw. eng geschnallt sein, daß man noch mit zwei Fingern zwischen Nasenriemen und Nasenrücken eingreifen kann. Ist er zu eng geschnallt, wird das Pferd im Kauen behindert, ist er zu weit geschnallt, können sich die beiden Backenstücke etwas seit-

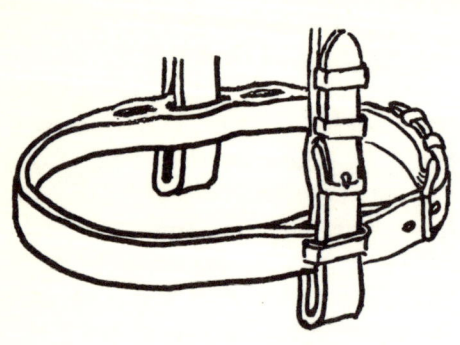

Abbildung 18:
Korrekt gearbeiteter Nasenriemen mit Durchlässen an der inneren Seite und Schlaufe an der äußeren Seite

lich vom Kopf abheben und das Pferd kann zurücksehen. Auch kann es das Maul aufsperren und sich dadurch der Parade entziehen.

Die untere Kante des **Nasenriemens** soll etwa vier Finger hoch über dem oberen Nüsternrand liegen. Der **Kehlriemen** soll so geschnallt sein, daß man mit der flachen Hand senkrecht zwischen Kehlriemen und Kehlgang eingreifen kann. Die Erfahrung hat jedoch gelehrt, daß es empfehlenswert ist, sommers bei starker Fliegenplage den Kehlriemen ein oder zwei Löcher enger zu schnallen, damit das Kopfgestell nicht so leicht abge-

streift werden kann, jedoch darf die Atmung nicht behindert werden.

Fahrgebisse

Es gibt zwei Arten von Gebissen:

1. Gebrochene Gebisse (Trensen)
2. Stangengebisse (Kandaren)

Trensen haben ein in der Mitte gebrochenes Mundstück, während das Mundstück der Kandare aus einer ungebrochenen Stahlstange besteht. Jedes Kandarenmundstück muß eine sogenannte „Zungenfreiheit" haben, d.h. eine leichte Biegung nach oben, siehe Abbildung 7 a, da bei Kandaren ohne Zungenfreiheit vor allem junge Pferde gern die Zunge über das Gebiß nehmen.

Bei den Trensen unterscheidet man die einfache Wassertrense und die Doppelringtrense. Die Wassertrense benötigt man zum Longieren, zum Vormustern und anfangs zum Einfahren junger Pferde. Auch können Ponys mit der Wassertrense gefahren werden.

Das beste Gebiß zum Fahren jedoch ist die Doppelringtrense, wenn man keine zu hohen Anforderungen an

Versammlung und Aufrichtung der Pferde stellt. Auch gehört zur Sielenanspannung die Doppelringtrense, während zur englischen Anspannung (Kumtanspannung) Kandaren gehören. Mit der Doppelringtrense kann man sowohl weich als auch scharf schnallen. Schnallt man die Leine beiderseits in beide Ringe, ist weich geschnallt, schnallt man jedoch nur in die beiden äußeren Ringe, ist scharf geschnallt. Dabei muß jedoch der Fahrer beachten, daß, je dicker das Mundstück eines Gebisses ist, desto weicher wirkt es und je dünner es ist, desto schärfer wirkt es. Auch kauen die Pferde auf dicken Gebissen viel lieber und bleiben daher weicher und durchlässiger. Es ist deshalb falsch zu glauben, man tue den Pferden etwas Gutes, wenn man ihnen ein dünnes Gebiß einlegt, das Gegenteil ist der Fall. Das Backenstück des Kopfgestells ist bei der Doppelringtrense grundsätzlich in die beiden losen, inneren Ringe zu schnallen.

Bei den Fahrkandaren unterscheidet man verschiedene Formen. In der Wirkung sind sie alle gleich. Die Kandare besteht aus dem Mundstück, dem Obergestell, den Anzügen mit den Schlitzen zum Weicher- oder Schärferschnallen, den Kinnkettenhaken und der Kinnkette

(Abb. 7). Durch das ungebrochene Mundstück einerseits und durch die Anzüge und die Kinnkette andererseits, entsteht eine Hebelwirkung auf die Laden des Unterkiefers. Je länger die Anzüge sind, desto stärker ist diese Hebelwirkung, also der Druck auf die Laden. Das Obergestell soll beiderseits leicht nach außen gebogen sein, damit es sich dem Pferdekopf besser anpaßt und keine Druckstellen verursacht.

Die Kinnkette muß glatt ausgedreht in der Kinnkettengrube liegen und so lang in den Kinnkettenhaken eingehängt sein, daß bei anstehender Kandare zwischen Anzügen und Maulspalte ein Winkel von 40 bis 45 Grad entsteht. Ist der Winkel kleiner, so sagt man: Die Kandare strotzt, ist er jedoch größer, besteht die Gefahr, daß die Kandare durchfällt, d.h. daß die Hebelwirkung aufgehoben ist. Die übrigen Kettenglieder der Kinnkette sollen gleichmäßig auf beiden Seiten verteilt sein und herunterhängen.

Durch die Schaumringe und die an den Anzügen angebrachten Schlitze kann die Kandare weich, d.h. ohne Hebelwirkung, halbscharf und scharf geschnallt werden. Für Pferde, die noch nicht kandarenreif sind und aus Gründen der Stilanspannung nicht auf Trense gefahren werden können und für sehr weichmäulige Pferde, die das Kandarenmundstück nicht gerne annehmen, verwendet man das Fahrpelham (Abb. 7 d und e). Es ist eine Kandare mit gebrochenem Mundstück und hat daher, wenn im Schaumring geschnallt ist, die Wirkung einer Trense.

Bei der Kandare unterscheidet man starre Gebisse und sogenannte „Pumpgebisse". Bei den starren Gebissen ist das Mundstück starr mit den Seitenteilen, also Obergestell und Anzüge, verbunden, während bei den Pumpgebissen das Mundstück gegenüber den Seitenteilen beweglich ist. Bei den Pumpgebissen wird die Maultätigkeit stärker als bei den starren Gebissen angeregt. Sie haben jedoch den Nachteil, daß sie nach einer bestimmten Zeit ausleiern und dann in den Mundwinkeln klemmen und sie wundreißen. Solche Gebisse müssen entweder weggeworfen oder mit den Seitenteilen fest zusammengeschweißt werden, da durch das Klemmen die Pferde das Vertrauen zur Hand des Fahrers verlieren und sich alle möglichen Untugenden, wie Kopfschlagen, Verwerfen im Genick u.ä. angewöhnen. Hat man ein Pferd mit einem kranken Maul, z.B. Ladendruck, Zahnfistel o.ä., legt man ein

Gummigebiß ein. Bei sehr hartmäuligen Pferden ist es empfehlenswert, Pullerriemchen (Abb. 7 h) zu verwenden. Auch sehr hartmäulige, sture Pferde bringt man mit Gummigebissen wieder zum Kauen und damit zur Durchlässigkeit und Weichheit.

Die Achenbachleine

Die Achenbachleine (Abb. 19) ist eine vom Altmeister der Fahrkunst, Benno von Achenbach, entworfene Kreuzleine, die alle Vorteile sämtlicher Kreuzleinen in sich vereinigt und alle Nachteile ausschließt. Die Leine soll aus gutem, kernigem Leder gefertigt sein und darf nirgends Bruch- oder Rißstellen zeigen. Wenn mal eine Leine reißt, wird es sehr ungemütlich auf dem Wagen und man sollte alles tun, damit man nicht in diese Situation kommt.

Die Leine für den Zweispänner besteht aus zwei durchgehenden **Außenleinen** und zwei verschnallbaren **Innenleinen**, vier **Schnallstrippen** mit **Schnallen**, zwei **Kreuzschlaufen**, zwei **Kreuzschnallen** und zwei **Leinenschonern**. Von den beiden Außenleinen endet eine in einer Strippe und die andere in

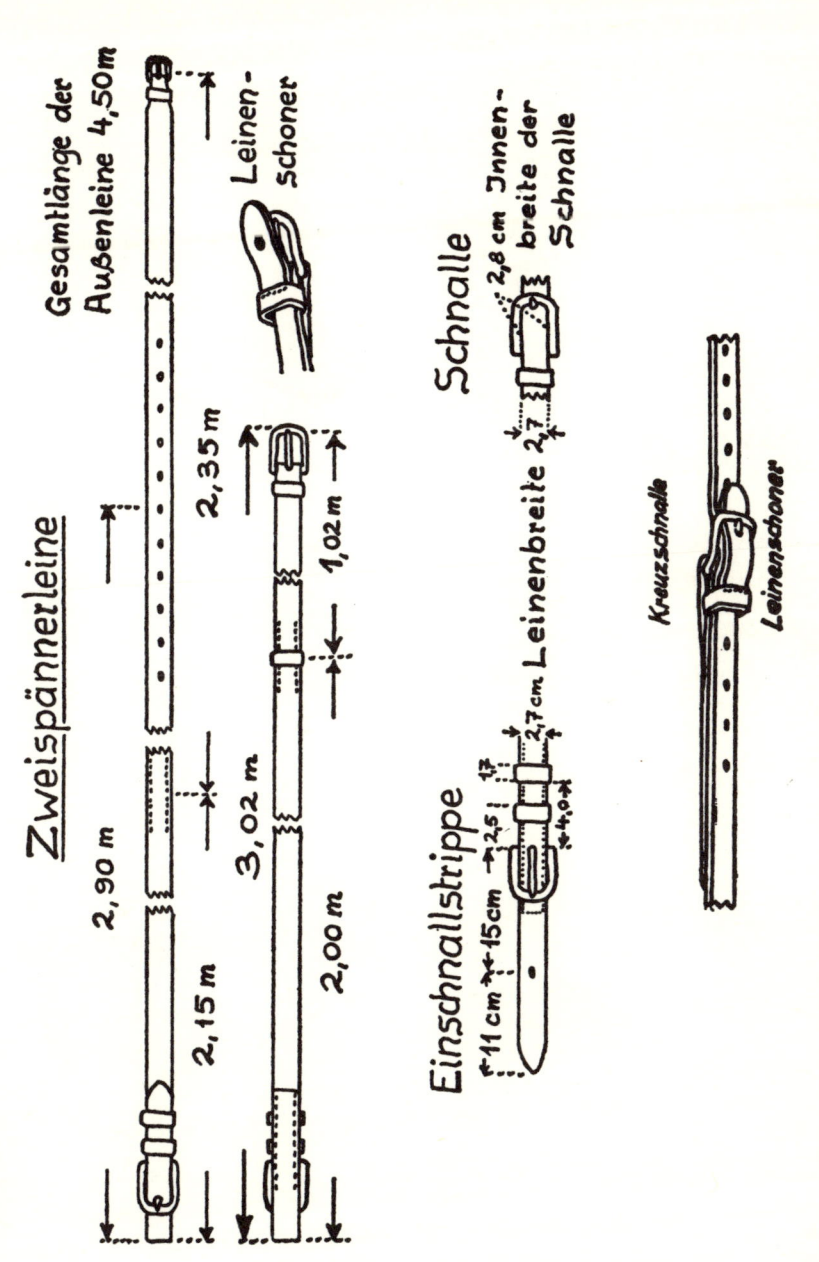

Abbildung 19: Achenbachleine mit vorschriftmäßigen Maßen

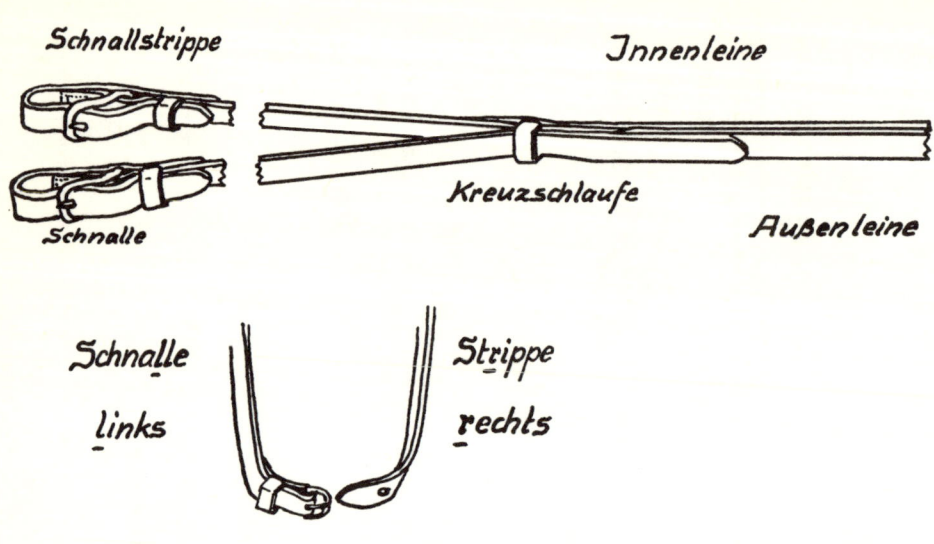

Abbildung 20: Endstücke der Achenbachleine

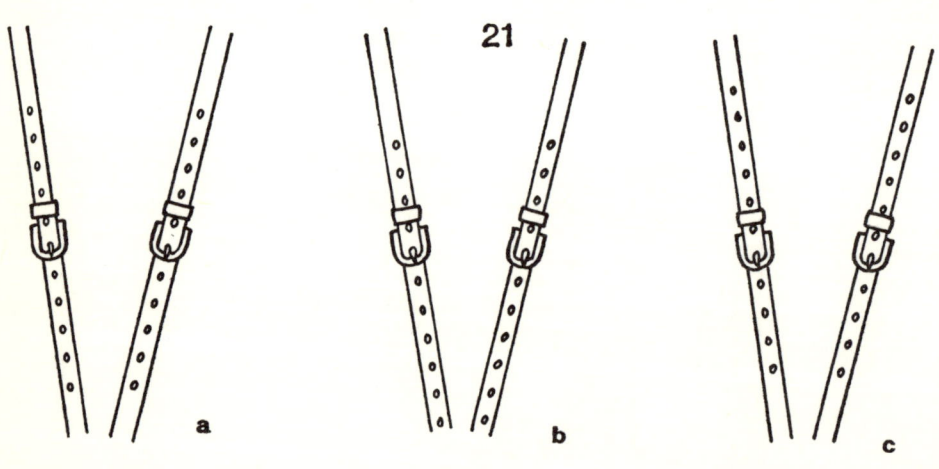

Abbildung 21: Die Normalschnallungen — a für mittlere Pferde, b für breite, schwere Pferde, c für kleine, schmale Pferde

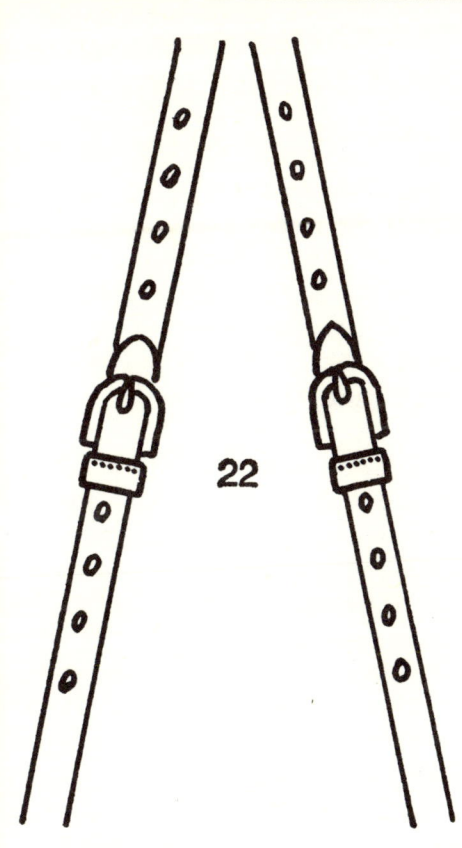

Abbildung 22:
Normalschnallung im 6. Loch, mit Leinenschoner

einer Schnalle. Durch diese Strippe und Schnalle werden die Leinen als Rechte und Linke bezeichnet. Es heißt: Schnalle links und Strippe rechts (Abb. 20), d.h. man soll die Leine mit der Schnalle immer auf das linke Pferd und die mit der Strippe immer auf das rechte Pferd auflegen, damit, wenn die Pferde aus irgend einem Grund verschnallt sind, nicht das Gegenteil des beabsichtigten Zwecks herauskommt. Der Teil der Leine, den der Fahrer beim Fahren in der Hand hat, wird als Handstück bezeichnet.

Die Gesamtlänge der Leine beträgt 4,5 m. Die beiden Innenleinen sind 3,02 m lang. Auf den Außenleinen sind auf einer Fläche von 40 cm elf ovale Löcher angebracht, von Loch zu Loch also 4 cm, um die Leine verschnallen zu können. Von diesen elf Löchern ist das sechste das sogenannte „Normalloch". Von diesem Normalloch aus mißt die Außenleine bis zur eingeschnallten Einschnallstrippe vorn 2,90 m. Die Innenleine, deren ganze Länge 3,02 m beträgt, ist bei Normalschnallung im sechsten Loch 12 cm länger als die Außenleine. Diese 12 cm braucht man, weil die Innenleine einen weiteren Weg zu beschreiben hat als die Außenleine, um die Pferdeköpfe geradeaus zu stellen.

Jede der vier Leinen hat je ein Ansatzstück, d.h. eine Stelle, an der die Leinen zusammengenäht sind. Diese Ansatzstücke müssen an einer Stelle angebracht sein, wo sie weder scheuern noch reiben können, da sonst die Nähte aufgehen können. An den Ansatzstücken der Innenleinen sind die beiden Kreuzschlaufen angebracht. Der Abstand der Kreuzschnallen bis zu den Kreuzschlaufen beträgt 1,02 cm. Die Breite der Leinen ist 27 mm.

Bei der Achenbachleine unterscheidet man drei Arten von **Schnallungen**:

1. Normalschnallung für mittlere Pferde im sechsten Loch,
2. Normalschnallung für breite, schwere Pferde im siebten Loch,
3. Normalschnallung für kleine, schmale Pferde im fünften Loch.

Abbildung 22 zeigt die Normalschnallung im sechsten Loch mit Leinenschonern, wie sie der Fahrer vor sich hat. Bei der Normalschnallung für mittlere Pferde im sechsten Loch ist, wie schon gesagt, die Innenleine 12 cm länger als die Außenleine. Diese 12 cm gewährleisten die Geradeausstellung der Pferdeköpfe bei mittleren Pferden, wenn sie am Gebiß stehen. Der Fahrer hat bei dieser Schnallung zwischen Hand und Kreuzschnalle zehn freie Löcher, deshalb auch Normalschnallung 10 genannt.

Bei kleinen schmalen Pferden hat die Innenleine einen etwas kürzeren

Weg zu beschreiben, da der Zwischenraum von Pferderücken zu Pferderücken kleiner bzw. schmaler ist. Deshalb schnallt man hier die Innenleine in das fünfte Loch. Die Innenleinen sind jetzt um 8 cm länger als die Außenleinen, die ausreichen, um die Pferdeköpfe geradeaus zu stellen. Der Fahrer hat acht freie Löcher zwischen Hand und Kreuzschnalle, deshalb Normalschnallung 8 genannt.

Bei schweren, breiten Pferden und dazu zählen auch unsere großen Warmblüter, haben die Innenleinen einen viel weiteren Weg zu beschreiben, weshalb die Innenleinen in das siebte Loch geschnallt werden müssen. Sie sind jetzt um 16 cm länger als die Außenleinen. Der Fahrer hat dabei zwölf freie Löcher zwischen Hand und Kreuzschnalle, Normalschnallung 12 genannt.

Die freie Lochzahl wird immer zwischen Hand und Kreuzschnalle gezählt. Um diese verschiedenen Schnallungen verständlich zu machen ein Beispiel: Man nimmt eine Leine, die für kleine, schmale Pferde, also im fünften Loch geschnallt ist und legt sie ein Paar schweren, breiten Pferden auf. Die Folge wird sein, daß die Pferdeköpfe gegenseitig nach innen zusammengezogen werden, da die Innenleinen zu kurz sind. Umgekehrt ist der Fall, wenn man eine im siebten Loch geschnallte Leine auf ein Paar kleine, schmale Pferde oder gar Ponys legt. Die Pferdeköpfe werden jetzt nach außen gezogen, da die Innenleinen für diese Pferde zu lang sind. Beim Fahren müssen die Pferdeköpfe immer geradeaus gestellt sein, eher eine Nuance nach außen als nach innen.

Daneben bietet die Achenbachleine den Vorteil, daß man mit ihr den Temperaments- und Arbeitsausgleich herbeiführen und die Körperverschiedenheiten ausgleichen kann. Es wird immer eine Seltenheit sein, wenn man zwei in Größe und Temperament gleiche Pferde hat. Oft hat man ein temperamentvolles und ein phlegmatisches, etwas faules Pferd im Gespann. Dabei zieht das fleißige, temperamentvolle Pferd den Wagen, während das faule, ohne zu ziehen, nebenher läuft. Um nun dem faulen Pferd ebenfalls einen Teil der Last zukommen zu lassen, schnallt der Fahrer das fleißige Pferd auf der Leine um einige Löcher zurück und läßt das faule vor. Durch dieses Zurückschnallen des fleißigen Pferdes wird automatisch das Faule vorgelassen und kommt so vermehrt in den Zug, nötigenfalls durch Vortreiben mit der Peitsche.

Bei dieser Verschnallung muß nur beachtet werden, daß man um die gleiche Anzahl von Löchern zurückschnallt, wie man auf der anderen Seite vorgeschnallt hat, damit man auf die gleiche Anzahl von freien Löchern zurück kommt, von der man ausgegangen ist. Bevor man verschnallt, muß man sich überzeugen, welche Normalschnallung, d.h. wieviel freie Löcher man zwischen Hand und Kreuzschnalle hat. Wenn man z.b. von der Normalschnallung 10 ausgeht, hat man auf beiden Leinen fünf freie Löcher, zusammen zehn freie Löcher. Schnallt man nun das linke Pferd um zwei Loch zurück, hat man auf der rechten Leine noch drei freie Löcher, auf der linken Leine dagegen sieben freie Löcher, da man ja die linke Innenleine um die gleiche Anzahl von Löchern vorschnallen muß wie man die rechte Innenleine zurück geschnallt hat. Zusammen also wieder zehn freie Löcher. Dadurch bleiben die Pferdeköpfe geradeaus gestellt.

Dasselbe gilt beim Ausgleichen von Körperbauverschiedenheiten. Hat man ein Pferd mit einem langen und eines mit einem kurzen Hals, so wird das Pferd mit dem kurzen Hals den Wagen ziehen, da das Pferd mit dem langen Hals durch das Abstoßen am Gebiß gar nicht so weit vorkann, daß es zum Ziehen kommt. Man muß jetzt dieses Pferd mit dem langen Hals auf der Leine vorschnallen, damit es weiter vor kann und zum Ziehen kommt.

Der Fahrer muß sich beim Verschnallen grundsätzlich darüber im Klaren sein, was er tun will und muß dies auf der gegenüber liegenden Leine ausführen. Wenn er z.B. das rechte Pferd vorlassen will, um es vermehrt in den Zug zu bringen, muß er auf der linken Leine die Innenleine um zwei bis drei Löcher vorschnallen und auf der rechten Leine die Innenleine um die gleiche Anzahl von Löchern zurückschnallen. Damit kommt er immer auf die gleiche freie Lochzahl zurück, von der er ausgegangen ist.

Durch die direkt vor der Hand des Fahrers angebrachten Kreuzschnallen, ist es dem Fahrer möglich — was oft notwendig sein wird — vom Bock aus während des Fahrens den Arbeitsausgleich herbeizuführen, also zu verschnallen.

Wie stellt nun aber der Fahrer am leichtesten und schnellsten fest, welches von den beiden Pferden mehr arbeitet als das andere? Er muß während des Fahrens dauernd die Deichsel des Wagens bzw. den Deichselkopf und die Aufhalter beobachten. Der Deichselkopf zeigt stets nach dem faulen Pferd und der stramme Aufhalter wird immer dem fleißigen Pferd gehören, da dieses durch sein vermehrtes Ziehen an der festen Sprengwaage dauernd die Deichsel nach dem faulen Pferd hinzieht und dadurch sein Aufhalter immer stramm ist. So kann der Fahrer leicht feststellen, welches Pferd er vorlassen bzw. zurücknehmen muß. Dies kann sich während einer längeren Fahrt oft mehrmals ändern. Auf dem Heimweg werden manche faulen Pferde, die man auf dem Hinweg vorschnallen mußte, sehr munter, so daß man sie jetzt zurückschnallen muß.

Das Verschnallen wirkt sich natürlich nur dann richtig aus, wenn an der festen Sprengwaage angespannt ist. Deshalb soll nun aber derjenige Fahrer, der mit Spielwaage fährt, die Achenbachleine nicht als zwecklos betrachten. Ganz im Gegenteil! Jeder Fahrer, der mit Spielwaage fährt, ist bestrebt, sie in waagrechter Stellung zu halten. Um dies zu erreichen, ist er ebenfalls gezwungen, seine Pferde richtig zu verschnallen, damit ihm das fleißige Pferd nicht dauernd die Spielwaage auf seiner Seite nach vorwärts zieht.

Die Achenbachleine kann auch als **Einspännerleine** verwendet werden. Man schnallt zu diesem Zweck die Innenleinen heraus und benützt nur die beiden Außenleinen. Dies ist jedoch nur möglich, wenn die Kreuzschlaufen auf den Innenleinen angenäht sind und die Schnalle am Ende des linken Handstücks genügend klein ist, um sich durch die Kreuzschnalle und -schlaufe hindurch ziehen zu lassen.

Die Schnallstrippen der Innenleinen sind bei der Achenbachleine verkehrt angenäht, so daß man beim Einschnallen ins Gebiß mit der jeweiligen Innenleine eine Halbrechtsdrehung gegen den Kopf des betreffenden Pferdes machen muß. Damit liegt die Leine auf dem Rücken der Pferde besser. Keinesfalls dürfen die Schnallen gegen die Pferdemäuler zu zeigen.

Mindestens einmal im Jahr sollte man seine Leinen überprüfen oder überprüfen lassen, ob sich die einzelnen Leinen nicht verzogen haben und daher die Maße nicht mehr stimmen. Man schnallt zu diesem Zweck die Innenleinen in das sechste Loch, schnallt vorn beide Schnallstrippen ein und legt die beiden Leinen glatt aufeinander. Die Innenleine muß jetzt 12 cm länger als die Außenleine sein. Ist sie

das nicht, muß man sie vom Sattler wieder auf das richtige Maß bringen lassen, indem der Sattler die zu lange Leine, entweder vorn an der Einschnallstrippe oder an dem Ansatzstück, etwas kürzt.

Will man für ein **Kleinpferdegespann** eine neue Leine anfertigen lassen, schlage ich vor, die Kreuzstücke um 10 cm kürzer zu nehmen, so daß jetzt die Außenleine vom sechsten Loch bis zur eingeschnallten Einschnallstrippe vorn keine 2,90 m lang, sondern nur 2,80 m lang, bei ganz kleinen Pferden noch kürzer ist, damit der Fahrer nicht die Kreuzschnallen während des Fahrens in die Hand bekommt (Abb. 19). Die Innenleine sollte nur so lang genommen werden, daß, wenn sie im sechsten Loch geschnallt ist, keine 12 cm sondern nur 8 cm länger als die Außenleine ist. Man hat damit einen größeren Spielraum beim Verschnallen.

Mit diesen Dingen bin ich konfrontiert worden, als ich eine zeitlang die Pferde eines bekannten Haflingergestüts arbeitete, die mich vor ganz neue Probleme stellten und ich einsehen mußte, daß man bestimmte Vorschriften nicht einfach von Großpferden auf Kleinpferde übertragen kann.

Ich habe dieses Kapitel deshalb so ausführlich behandelt, weil man gerade bei der Verschnallung die krassesten Fehler feststellen kann und die wenigsten Fahrer wissen, wie man diese Fehler abstellen kann.

Verwendung der Kreuzleine

Eine Kreuzleine (Abb. 23), gleichgültig wie man sie auch sonst noch heißen mag, ausgenommen die Wiener Leine, besteht aus dem Kreuzstück mit den vier Schnallen (oder Karabinerhaken) und Strippen zum Einschnallen ins Gebiß, zwei Kreuzschnallen mit Schlaufen und zwei Schnallen zum Einschnallen des Handstücks sowie dem Handstück. Auf der Außenleine des Kreuzstücks sind einige Löcher, oft bis zu fünf, angebracht und in eines dieser Löcher ist die Innenleine eingeschnallt. Nicht selten trifft man es auch umgekehrt, wo die verschnallbare Leine als Außenleine benützt

wird. Irgendwann ist diese Leine einmal gerissen, und der Sattler hat das abgerissene Stück einfach auf das dazugehörige Stück aufgenäht mit dem Ergebnis, daß diese Innenleine jetzt zu kurz geworden ist und das betreffende Pferd den Kopf weit nach innen nehmen mußte. Um diesem Übel abzuhelfen, hat der Fahrer diese jetzt zu kurze Innenleine nach außen genommen und damit war die Sache, wenn auch nicht in Ordnung, so doch wenigstens verbessert.

Schuld hatte natürlich der Sattler, der übersah, daß man eine Kreuzleine niemals auf diese Weise zusammen nähen darf, da sonst die Maße nicht mehr stimmen.

Wenn man eine solche Leine für den täglichen Gebrauch zurecht richten will, so legt man Außen- und Innenleine so aufeinander, daß bei eingeschnallter Einschnallstrippe vorn, die Innenleine 12 cm länger als die Außenleine ist. Jetzt schnallt man die Innenleine mit der

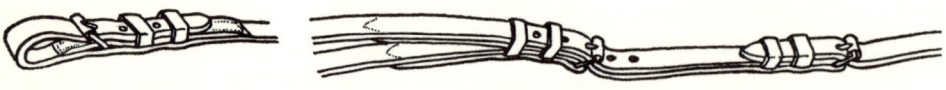

Abbildung 23: Gewöhnliche Kreuzleine

Kreuzschnalle in ein schon vorhandenes oder neu anzubringendes Loch auf der Außenleine. Das ist nun das Normalloch und damit das sechste der elf Löcher, die eine Normalleine haben soll. Falls aus irgend einem Grund keine elf Löcher Platz haben, genügen auch neun Löcher, von denen das Mittlere das Normalloch ist. Von diesem Normalloch aus müssen nun nach vorn gegen die Pferdemäuler und nach rückwärts gegen die Hand des Fahrers zu noch jeweils fünf bzw. vier weitere Löcher angebracht werden, und zwar in dem Abstand, den die alten Löcher auf der Außenleine haben, denn alle neun oder elf Löcher müssen den gleichen Abstand voneinander haben, wenn nachher die Verschnallung stimmen soll.

Alle Löcher sollen oval sein, damit besser zu verschnallen ist. Runde Löcher lassen sich viel schlechter verschnallen. Meistens werden vorn in den Einschnallstrippen mehrere Löcher sein — teilweise bis zu fünf — die man jetzt bis auf das, in welches bei der Abmessung geschnallt ist, durch einen Lederpfropfen verschließen läßt, so daß man immer nur ins gleiche Loch schnallt.

Kommt man jedoch auf diese Art und Weise nicht zurecht, da möglicherweise die Innenleine zu lang oder zu kurz ist, läßt man die Einschnallstrippen der zu langen Leine abschneiden und in der richtigen Länge neu annähen.

Wichtig bei der ganzen Angelegenheit ist, ich möchte das nochmals betonen, daß die Innenleine, wenn sie im mittleren Loch geschnallt ist, 12 cm, bei Kleinpferden 8 cm länger als die Außenleine ist, damit die Pferdeköpfe gerade aus gestellt sind.

Der Fahrer kann jetzt mit dieser abgeänderten Kreuzleine seine Pferde genau so verschnallen wie mit der Achenbachleine. Allerdings nicht vom Bock aus, da die Kreuzstücke zu kurz sind. Voraussetzung für die Umarbeitung einer solchen Leine ist die Haltbarkeit der einzelnen Teile.

Die Wiener-Leine

Die Wiener-Leine (Abb. 24) ist eine auch in Deutschland bekannte Kreuzleine, wird jedoch vorwiegend in Österreich und Ungarn verwendet. Sie gehört zur stilechten ungarischen Anspannung und besteht aus vier durchgehenden Leinen, die durch eine, auf einer Leine festge-

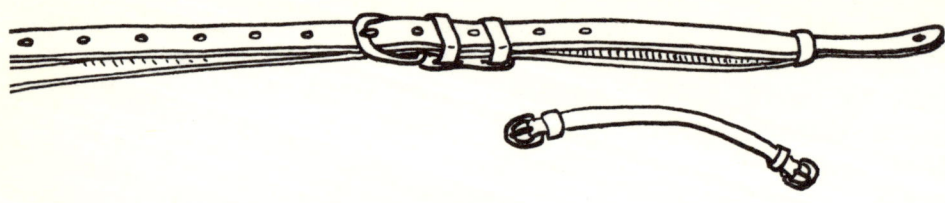

Abbildung 24: Wiener Leine mit Schlußstück zum Zusammenschnallen der beiden Leinen

nähten Kreuzschnalle, sogenannte Fröschl, zusammen gehalten werden.

Auf den beiden Außenleinen sind statt den, auf der Achenbachleine üblichen ledernen Kreuzschlaufen, ein Metallring eingenäht, durch den die Innenleinen hindurch gehen und zusammen gehalten werden. Auf jeder der vier Leinen sind bis zu zwanzig Löcher angebracht, durch die jede Leine einzeln mit den Fröschln verschnallt werden kann. Die Fröschl sind so in die Leinen eingeschnallt, daß der Fahrer während des Fahrens unmittelbar vor den Fröschln in die Leine eingreifen kann.

Über den Längenunterschied der Innenleine zur Außenleine gilt das Gleiche wie bei der Achenbachleine. Auch die Wiener-Leine muß so geschnallt sein, daß die Pferdeköpfe geradeaus gestellt und dabei beide

Pferde gleichmäßig im Zug sind. Das Unangenehme bei der Wiener-Leine ist, daß man beim Fahren immer vier Leinen in der Hand hat, was besonders beim Peitschengebrauch und beim Bremsen stören kann.

Geschirrpflege

Um Leinen und Geschirre möglichst lange gebrauchen zu können, ist es notwendig, sie gut zu pflegen und zu behandeln. Geschirre und Leinen dürfen nicht im Stall aufbewahrt werden, weil die Stall-luft (Ammoniak) dem Leder schadet. Sie gehören in einen trockenen, niemals feuchten Raum, zu dem die Pferde keinen Zutritt haben. Alle Pferde haben die üble Angewohnheit, alle erreichbaren Lederteile zu zerbeißen. Deshalb keine Trense, keinen Sattel, kein Zaumzeug und kein Geschirr im Stall hängen lassen.

Geschirr und Zaumzeug (Kopfgestell, Fahrhalfter) sollen nach dem Gebrauch an denjenigen Stellen, die auf dem Pferd liegen, mit einem Schwamm abgewaschen und — falls das Geschirr stark verschmutzt ist — das ganze Geschirr abgeschwammt und wenn es trocken ist mit einem Wollappen abgerieben werden, wobei man die Metallteile nicht vergessen darf. Von Zeit zu Zeit müssen Zaumzeug und Geschirr mit einer weichen Bürste in lauwarmem Wasser gut durchgewaschen werden, wobei man sämtliche Teile auseinander schnallen muß, damit auch der sich dort angesammelte Schmutz und Staub entfernt werden kann. Hierauf hängt man die Geschirre an einen schattigen und zugigen Platz zum Trocknen auf. Keinesfalls in die Sonne, sonst wird das Leder hart und brüchig. Wenn die Sachen trocken sind, werden sie solange mit Lederöl eingerieben und getränkt, bis das Leder gesättigt ist und nichts mehr aufnimmt. Daraufhin läßt man die Geschirre noch eine zeitlang hängen, damit das Öl richtig eindringen kann, nimmt dann einen Wollappen und reibt das nicht eingedrungene Öl ab. Dann nimmt man

eine gute schwarze Schuhcreme oder eine Hartwachspaste und reibt das Ganze, ausgenommen die Teile, die auf dem Pferd aufliegen, dünn ein und poliert anschließend mit Bürste und Lappen blank. Man wird staunen, wie auch das älteste Geschirr auf diese Weise wieder in vollem Glanz strahlt. An einem so behandelten Geschirr wird man immer seine Freude haben und vor allem, man wird es lange gebrauchen können.

Einfetten sollte man jedoch nur bei warmem Wetter, weil das Fett (Öl) bei kaltem Wetter nicht in das Leder eindringt. Auch kann man abwechslungsweise statt Lederöl helles Lederfett verwenden.

Vor dem so beliebten Lackieren der Geschirre kann nicht genug gewarnt werden. Das Leder kann unter der Lackschicht nicht mehr atmen, erstickt und wird brüchig. Allerdings hat in letzter Zeit die Industrie ein neues, lackähnliches Mittel auf den Markt gebracht, das diese nachteiligen Folgen nicht in diesem Ausmaß hat. Man sollte es jedoch auch nicht dauernd anwenden und vor allem das Fetten nicht vergessen.

Die Metallteile an den Geschirren sind heute alle rostfrei und können deshalb mit wenig Mühe blank gehalten werden. Die Leinen sollen ebenfalls nach jedem Gebrauch an den Stellen, die mit dem Pferd in Berührung kommen, abgeschwammt werden. Das gilt vor allem für die vier Einschnallstrippen. Diese müssen öfter gefettet werden, da sie durch den Schaum, den die Pferde im Maul entwickeln, gern hart und brüchig werden. Um die Leinen weich und geschmeidig zu erhalten, behandelt man sie mit einem guten, hellen Bohnerwachs. Es gibt nichts Besseres. Bei der Behandlung mit Sattelseife werden die Leinen bei Regen derart glitschig und schlüpfrig, daß sie nicht mehr zu halten sind.

Aufschirren des Pferdes

Das Aufschirren hat sehr vorsichtig zu geschehen, da schon manches junge Pferd durch unvorsichtiges Aufschirren für immer verdorben wurde. Man zeigt dem Pferd das Geschirr zuerst und läßt es beschnuppern. Dann streift man das Kumt mit der Kumtspitze nach unten dem Pferd über den Kopf (Abb. 25) und dreht das Kumt an der dünnsten Stelle des Halses mit der Mähne und legt es erst dann auf die Pferdeschulter. Ähnlich verfährt man beim Sielengeschirr. Auch hier wird das Brustblatt über die Ohren gestreift, dann gedreht und auf das Pferd gelegt. Der Kammdeckel wird etwas zurück auf den Rücken gelegt, damit man den Schweifriemen besser anbringen kann. Beim Anlegen des Schweifriemens keine rohe Gewalt anwenden, sonst wird es jeden Tag schlimmer und das Pferd beginnt zu schlagen. Bei solchen Pferden nimmt man zweckmäßigerweise angeschnallte, statt angenähte Schweifmetzen, man muß dann eben die Nachteile in Kauf nehmen.

Dann wird der Kammdeckel in seine richtige Lage gebracht und zugezogen. Dabei ist es ratsam, den Kammdeckel nicht auf einmal stark anzuziehen, da vor allem empfindliche Pferde Gurtenzwang bekommen. Den Kammdeckel zieht man zuletzt, wenn das Pferd fertig geschirrt und gezäumt ist, fest an. Den kleinen Bauchgurt schnallt man nur so weit zu, daß man noch eine Faust zwischen Bauchgurt und Pferdebauch stecken kann, damit die Zugrichtung auf unebenen Straßen und Wegen nicht gebrochen wird.

Zum Auflegen des Kopfgestells stellt sich der Fahrer nicht vor das Pferd, sondern neben das Pferd mit

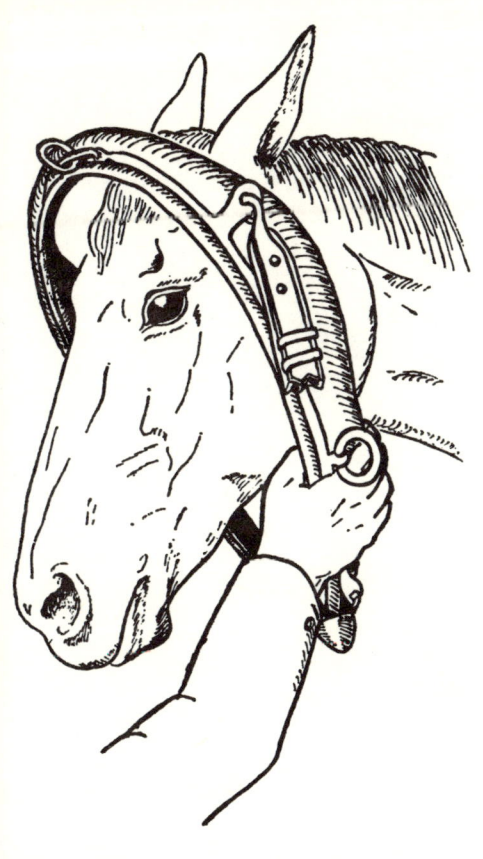

Abbildung 25:
Richtiges Ausschirren mit dem Kumt

gleicher Blickrichtung wie das Pferd
selbst, greift mit dem rechten Arm
zwischen Kopf und Hals um den
Pferdekopf herum, nimmt das
Kopfgestell in die rechte Hand und
bringt es über die Ohren auf den

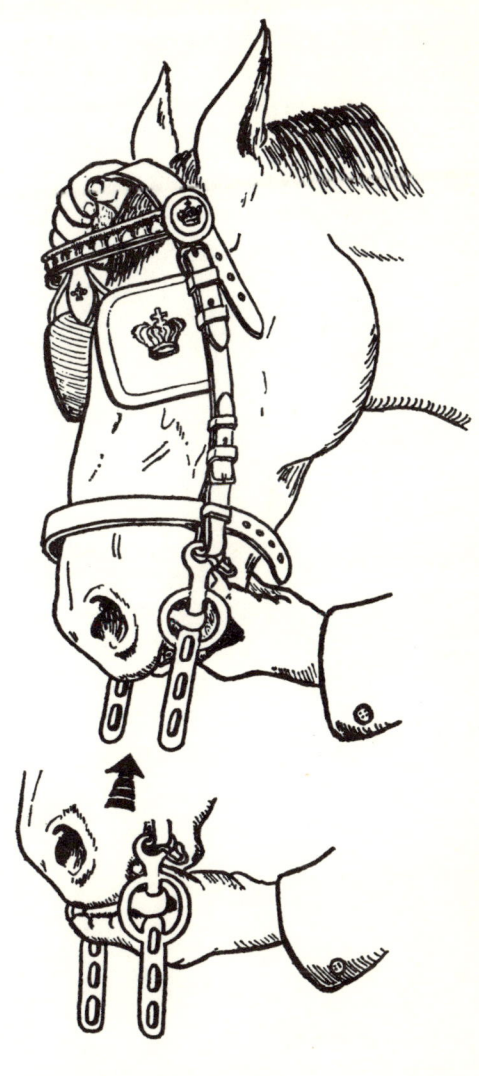

Abbildung 26:
Korrektes Aufzäumen

Kopf. Die linke Hand legt sich von unten her auf das Gebiß und schiebt es in das Pferdemaul. Ein leichter Druck mit dem Daumen auf die Laden des Pferdes veranlaßt es, das Maul willig aufzumachen und das Gebiß anzunehmen (Abb. 26). Keinesfalls darf man mit dem Gebiß gegen die Zähne des Pferdes stoßen, um damit das Pferd zu veranlassen, das Maul aufzumachen, sonst werden die Pferde derart kopfscheu, daß man sie nur noch schwer aufzäumen kann.

Das Pferd lernt ziehen

Longieren

Um ein rohes Pferd für seinen zukünftigen Gebrauchszweck vorzubereiten, bedient man sich am besten der Longe. Auch zum Lösen der Pferde und zum Korrigieren verdorbener Pferde gibt es kein besseres Mittel als die Longe.

Man kennt zwei Arten von Longen: die einfache Longe und die Doppellonge. Die einfache Longe (Abb. 27) dient vor allem zur Vorbereitung der Reitpferde und zum Lösen und Korrigieren der Pferde, während die Doppellonge zur Vorbereitung der Wagenpferde und zum Korrigieren geeignet ist. Eines schließt jedoch das andere nicht aus.

Die einfache Longe

Durch die einfache Longe will man die Gewöhnung ans Gebiß, an den Sattel, vor allem an den Druck des Sattelgurts und beim Geschirr des großen Bauchgurtes am Kammdeckel erreichen und das Pferd soll lernen, sich dem menschlichen Willen unterzuordnen. Dieses Unterordnen darf jedoch keinesfalls so verstanden werden, daß wir dem Pferd unseren Willen aufzwingen, seinen eigenen Willen mit Brachialgewalt brechen und es so zu einem stumpfen und weitgehend willenlosen Werkzeug machen, das dann später zu einer mehr oder weniger mechanisierten Maschine wird und schon in der Jugend an Leib und Seele gebrochen ist.

Zur Ausrüstung der einfachen Longe gehört: ein Kappzaun, eine Reittrense mit einer Wassertrense als Gebiß (kein anderes Gebiß zum Longieren, höchstens eine Gummitrense), ein Sattel oder ein Longiergurt, zwei Ausbindezügel, eine 8 m lange Longe, eine Peitsche, mit der man jederzeit das Pferd erreichen kann, für die Vorderbeine Bandagen und für die Hinterbeine Streichkappen (Abb. 28). Junge Pferde sollten unbeschlagen sein.

Abbildung 27:   Longieren mit der einfachen Longe

Der günstigste Platz zum Longieren ist der Reitplatz oder die Reitbahn. Aber auch eine Wiese oder ein Acker mit gutem, weichem, elastischem Boden, auf denen das Geläuf nicht zu tief ist wegen Überanstrengung, geben einen guten Longierplatz. Auf keinen Fall

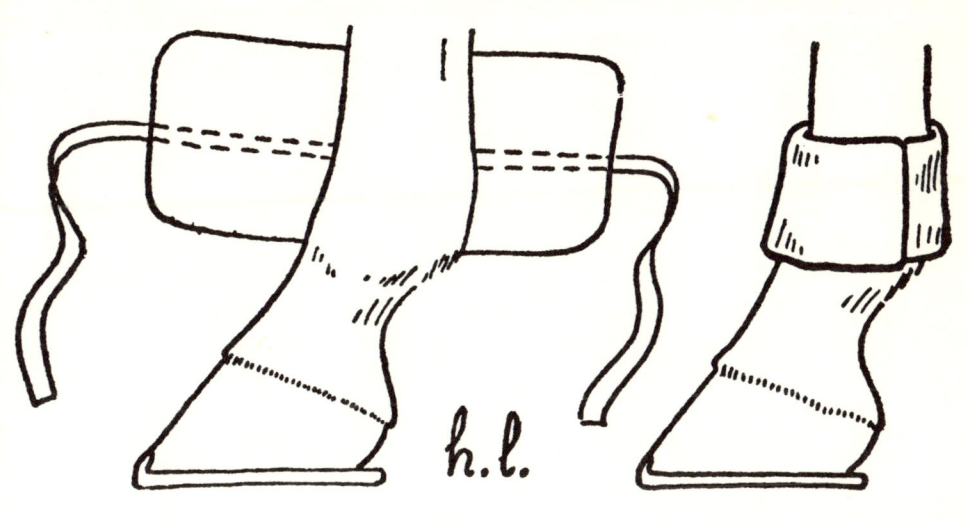

Abbildung 28:   Streichkappe – links vor dem Anlegen, rechts angelegt

darf auf gepflastertem oder gewalztem Boden longiert werden. Vorteilhaft ist es, wenn der Platz eingezäunt ist. Im Winter, wenn kein Schnee liegt und der Boden hart gefroren ist, leistet ein Hufschlag aus Pferdemist, am besten Matratzenmist, von etwa 10 bis 15 cm Höhe gute Dienste. Bei einer Schneehöhe von etwa 15 cm kann man überall longieren, soweit der Boden eben ist.

Das Pferd wird im Stall fertig gemacht. Sattel- oder Longiergurt nur leicht anziehen, erst später festziehen, sonst gibt es Gurtenzwang, auch Sattelzwang genannt. Die Ausbindezügel werden verpaßt, aber erst auf dem Platz eingeschnallt. Beim rohen Pferd sind beide Ausbindezügel gleich lang zu schnallen, wobei die Stirnlinie mindestens eine Handbreit vor der Senkrechten stehen muß, wenn das Pferdemaul in Hüfthöhe ist. Später schnallt man dann den inneren Ausbindezügel um zwei Loch kürzer als den äußeren, damit das Pferd eine gewisse Stellung bekommt. Ja nicht zu kurz ausbinden, aber auch nicht zu lang! Das Pferd muß den Zügel in der Tiefe suchen, aber auch finden.

In der ersten Zeit soll das Pferd immer zu zweit longiert werden, da eine Person das junge Pferd führen muß, bis es weiß, was man von ihm will. Zuerst auf der linken Hand im Schritt beginnen und nach einigen Runden dann antraben. Wenn das Pferd ruhig geht, läßt man es allein gehen. Falls es den Galopp anbietet, ruhig galoppieren lassen, die Pferde lösen sich meistens schneller im Galopp. Nur wenn das Pferd stürmt, pariert man durch, weil sonst die Gefahr besteht, daß es ausrutscht und fällt.

Die **Longe** wird in der inneren, die **Peitsche** in der äußeren Hand gehalten, d.h. geht das Pferd linksherum ist die Longe in der linken und die Peitsche in der rechten Hand und rechtsherum umgekehrt. Der Longierende steht in Höhe der Pferdeschulter und beschreibt in der ersten Zeit einen kleinen Kreis, damit er bei evtl. Seiten- oder Luftsprüngen das junge Pferd nicht im Maul reißt, später dreht er sich auf der Stelle, indem er seinen Absatz in den Boden bohrt, damit der Kreis, den das Pferd beschreibt, rund wird.

Das Pferd ist zwischen Longe und Peitsche eingeschlossen. Die Peitschenspitze zeigt im Anfang gegen die Hüfte des Pferdes, später gegen das Sprunggelenk. Oft wird es von Vorteil sein, die ersten paar Male die Peitsche ganz wegzutun, bis das Pferd ruhiger geworden ist. Die Longe muß immer weich anstehen, d.h. es muß eine dauernde, weiche, elastische Verbindung zwischen Hand und Pferdemaul vorhanden sein. Bei Drängen gegen die Zirkelmitte, also auf den Longierenden zu, setzt man die Longe in schlängelnde Bewegung und hält die Peitsche gegen den Kopf des Pferdes zu, um das Pferd zum Hinaustreten zu veranlassen. Bei hartnäckigem Drängen nach innen wird ein gut gezielter Schlag mit der Peitschenschnur gegen die Schulter von Nutzen sein. Dieser Schlag darf jedoch keinesfalls den Kopf, sondern muß die Schulter treffen. Wenn das Pferd auf der linken Hand ruhig und losgelassen geht, nimmt man Handwechsel vor. Bei ungleichen Ausbindezügeln muß man sie zuerst wieder umschnallen und berichtigen. Das rohe Pferd muß man jetzt auf der rechten Hand zuerst wieder führen.

Die **Stimme** ist das beste Hilfsmittel beim Longieren. Dabei ist der Tonfall entscheidend. Das Pferd muß beim Longieren auf Kommando gehen. Es ist keinesfalls zu dulden, daß das Pferd beim Halten auf den Longierenden zukommt, sondern es hat auf dem Hufschlag stehen zu bleiben und zu warten, bis der Longierende zu ihm hinauskommt, um es umzudrehen, an den Hals zu klopfen oder ihm einen Leckerbissen zu geben, mit dem man keinesfalls sparsam sein soll.

Das Longieren ist nicht dazu da, um das Pferd abzujagen, sondern um es in allen drei **Gangarten** zu arbeiten. Dabei darf der Schritt nicht vernachlässigt werden. Mindestens ein Drittel der Gesamtzeit beim Longieren muß das Pferd im Schritt gearbeitet werden. Die Schrittarbeit legt man am besten an den Schluß der Stunde, damit der Stallmut und die Spannungen weg sind und das Pferd dabei losgelassen geht und sich treiben läßt. Die beiden Ausbindezügel schnallt man dabei am besten ganz aus, später kann man sie möglichst lang einschnallen, damit das Pferd lernt, auch am langen Zügel im Schritt vorwärts zu gehen. Man muß dauernd darauf bedacht sein, daß das Pferd einen freien, fleißigen und geräumigen Schritt geht.

Um Gang und Schrittmaß zu verbessern, ist **Bodenrickarbeit** sehr vorteilhaft. Man darf jedoch erst dann damit beginnen, wenn das Pferd gelernt hat, losgelassen und taktmäßig an der Longe zu gehen

und der Ausbilder über genügende Erfahrung verfügt. Dabei muß man das Pferd dauernd beobachten, damit keine Überanstrengung durch Überforderung entsteht. Man fängt mit einer Stange an und kann im Laufe der Zeit bei jungen Pferden bis höchstens auf vier, bei älteren Pferden bis höchstens auf acht Stangen bzw. Bodenricks steigern. Der Abstand der einzelnen Stangen oder Bodenricks ist dabei dem Schrittmaß des einzelnen Pferdes anzupassen und darf nie starr sein. Man braucht dabei unbedingt eine zweite Person, die die Stangen bzw. Bodenricks immer wieder auf den richtigen Abstand legt. Die Ausbindezügel sind bei der Bodenrickarbeit bei jungen Pferden ganz auszuschnallen, bei älteren Pferden mindestens um zwei bis drei Loch länger zu schnallen, damit die Pferde den Hals lang machen und raumgreifend vorwärts treten können.

Die Doppellonge

Um die Pferde zum Ziehen vorzubereiten, wird am besten die Doppellonge (Abb. 29) benützt. Vorteilhaft ist eine vorhergehende Gewöhnung des Pferdes an die einfache Longe. Die dafür ver-

Abbildung 29:   Longieren mit der Doppellonge

wendete Zeit macht sich doppelt bezahlt.

Durch die Doppellonge wird folgendes erreicht: Gewöhnung an das Gebiß, an das Geschirr, an den Schweifriemen, an die Stränge, und das Pferd lernt genauso wie bei der einfachen Longe, sich dem menschlichen Willen unterzuordnen.

Für die Ausrüstung zum Longieren benötigt man eine Reittrense mit einer Wassertrense als Gebiß, keinesfalls ein Kopfgestell mit Scheuklappen, ein Kumt- oder Sielengeschirr ohne Stränge, jedoch mit Schweifriemen, eine mindestens 16 m lange Longe an beiden Enden mit einer Einschnallstrippe mit Schnalle, eine Peitsche, die mit dem

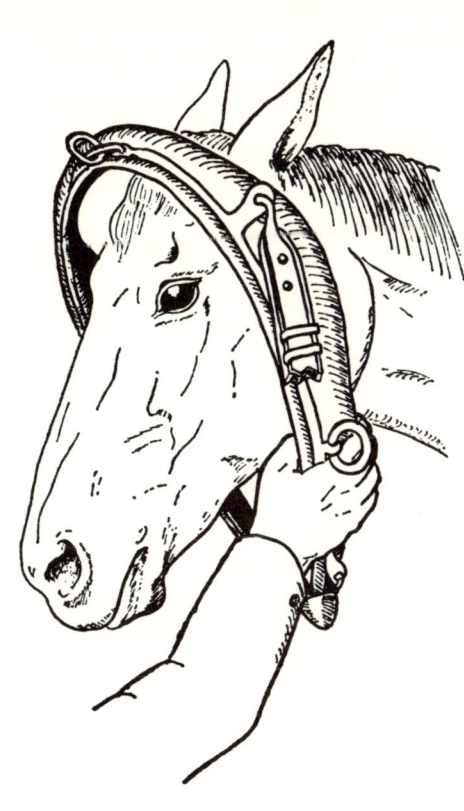

Abbildung 30:
Die Kumtspitze zeigt beim Auf-
schirren nach unten

Schlag so lang ist, daß man jederzeit das Pferd damit erreichen kann,
zwei Ringe von etwa 10 cm Durch-
messer. An den Vorderbeinen werden Bandagen und an den Hinterbeinen Streichkappen angelegt
(Abb. 28). Das Pferd sollte unbe-

schlagen sein, damit es sich nicht
durch Gegenschlagen mit dem
eisenbeschlagenen Huf gegen das
andere Bein verletzt.

In der ersten Zeit muß man beim
Aufschirren sehr vorsichtig sein, damit das Pferd nicht kopfscheu wird.
Die Kumtspitze zeigt beim Aufschirren nach unten (Abb. 30).
Auch beim Anlegen des Schweifriemens ist Vorsicht geboten und niemals rohe Gewalt anzuwenden. Es
empfiehlt sich, sich nicht direkt
hinter das Pferd, sondern seitwärts
zu stellen.

Die Oberblattstrippen werden lange
geschnallt, damit die Strangstutzenschnallen möglichst tief zu liegen
kommen. Die beiden Ringe kommen auf den kleinen Bauchgurt und
werden mit Riemchen oder einem
Bindfaden an den beiden Strangstutzenschnallen befestigt. Der kleine Bauchgurt wird mäßig fest angezogen. Falls er zu lang ist, was
fast immer der Fall sein dürfte,
schlägt man ihn ein- oder zweimal
um das Strangstössel herum. Das
Pferd wird im Stall fertig gemacht.

Als Übungsgelände gilt das beim
Longieren mit der einfachen Longe
Gesagte. Auch hier muß in den
ersten Tagen eine zweite Person dabei sein, die das Pferd führt, mit

ihm spricht und es beruhigt, was bei der Doppellonge noch notwendiger ist als bei der Einfachen. Der Ausbilder hat die innere Longe und die Schleifen der überflüssigen inneren Leine in der inneren Hand (also links herum in der Linken, rechts herum umgekehrt), die äußere Longe und die Peitsche in der äußeren Hand und beschreibt einen kleinen Kreis, indem er sich dauernd bemüht, weich mit der Hand zu sein und sich ja nicht festzuziehen. Die innere Longe geht vom Gebiß durch das Leinenauge des Kumt, bzw. des Halsriemens beim Sielengeschirr, dann durch den Ring an der inneren Strangstutzenschnalle in die Hand des Ausbilders. Die äußere Leine geht vom Gebiß durch das äußere Leinenauge des Kumts oder Halsriemens, durch den Ring an der äußeren Strangstutzenschnalle und unterhalb des Sitzbeines um die Hinterbeine in die Hand. Dadurch kann das Pferd mit der Hinterhand nicht ausweichen. Wenn ein Pferd keilt — und das wird in den ersten Tagen fast immer der Fall sein, bei Berührung mit der äußeren Longe — ruhig keilen lassen. Es hört von selbst auf, wenn es genug hat. Keinesfalls strafen, weder mit der Peitsche noch mit der Longe (Insterburger). Nach dem Keilen sind die Pferde meist wunderbar gelöst und gehen schön ruhig.

Bei sehr sensiblen und temperamentvollen Pferden hat es sich als vorteilhaft erwiesen, in den ersten Tagen die Außenleine nicht um die Hinterhand herumgehen zu lassen, sondern vom Ring an der äußeren Strangstutzenschnalle direkt unter dem Bauch, wo der Bauchgurt liegt, in die Hand des Ausbilders. Allerdings darf dies nicht allzulange gemacht werden, da die Hinterhand nicht genügend herangehalten werden kann. Man muß versuchen, das Pferd immer nach innen zu stellen. Falls ein Pferd nach innen drängt, durch schlängelnde Bewegungen mit der inneren Longe nach außen weisen und nicht nur an der äußeren Longe ziehen, da sonst die Stellung verloren geht. In hartnäckigen Fällen gibt der Ausbilder einen scharfen Schlag mit der Peitschenschnur gegen die innere Schulter, der genau treffen muß. Niemals den Kopf treffen!

Genau wie bei der einfachen Longe wird das Pferd auch an der Doppellonge in allen drei Gangarten gearbeitet und später Bodenrickarbeit eingelegt. Immer wieder Handwechsel vornehmen, damit das Pferd gleichmäßig auf beiden Seiten gearbeitet wird.

Wenn das Pferd nach einiger Zeit ruhig und losgelassen auf beiden

Händen (rechts- und linksherum) geht, sich weder durch die äußere Leine, noch durch den Schweifriemen oder sonst etwas stören läßt, nimmt man im Halten eine Leine zwischen die beiden Hinterbeine und streicht vorsichtig mit dieser an den Innenseiten der Beine auf und ab. Man stellt sich dabei jedoch nicht direkt hinter das Pferd, damit man bei beschlagenen Pferden nicht ein Hufeisen oder bei allen eine Ladung Lohe oder Schmutz ins Gesicht bekommt. Dabei hält ein Mann das Pferd am Kopf, spricht mit ihm und beruhigt es. Dieses beruhigende Sprechen mit dem Pferd ist sehr wichtig. Falls ein Pferd Neigung zeigt, sich auf die Leine zu setzen, soll sie nicht angezogen, sondern sofort losgelassen werden. Das Pferd ist zu beruhigen und dann wird vorsichtig aufs neue begonnen.

Man setzt die Bemühungen solange fort, bis das Pferd mit der Leine zwischen den Beinen, losgelassen auf beiden Händen auf dem Zirkel geht. Wenn das Pferd so weit ist, schnallt man stark verlängerte Stränge ein und läßt einen Mann daran gegenhalten, damit das Pferd mit dem Ziehen vertraut wird. Bei empfindlichen Pferden Vorsicht! Je höher ein Pferd im Blut steht, desto vorsichtiger muß vorgegangen werden, um es nicht zu verderben. Später hängt man dann einen **Holzklotz** oder **Balken** an, dem zuletzt die Schleppe folgt. Wenn man die Schleppe anhängt, muß man täglich die Brust des Pferdes mit kaltem Wasser, dem ein Schuß Spiritus oder Franzbranntwein beigemischt ist, abwaschen.

Diese Vorbereitung durch die Doppellonge, vorausgesetzt, daß sie vorschriftsmäßig durchgeführt wird, bietet eine volle Gewähr dafür, daß das junge Pferd zugfreudig, zugsicher und strangfromm wird. Die dafür angewandte Zeit und Mühe macht sich vielfach bezahlt.

In diesem Zusammenhang verweise ich nochmals auf das ausgezeichnete Buch von Herrn Oberst a.D. Pape: „Die Kunst des Fahrens", in dem diesem Kapitel mehrere Seiten gewidmet sind.

Einfahren junger Pferde

Das beste Alter zum Einspannen ist für einen gut entwickelten Warmblüter drei Jahre. Auch Ponys können in diesem Alter eingespannt werden. Früheres Einspannen, gleichgültig aus welchem Grunde es auch geschehen mag, geht auf Kosten des Pferdes, da es in jedem Fall entweder Karpfenrücken oder Beinschäden (Gallen o.ä.), zumindest jedoch Entwicklungsstörungen verursacht. Selbstverständlich darf das junge Pferd, wenn es eingefahren ist, nicht sofort im schweren Zug benützt werden, da sonst die o.a. Mängel ebenfalls auftreten.

Nachdem das junge Pferd wie beschrieben an der Doppellonge vorbereitet wurde, wird es neben einem alten, vertrauten Pferd, sogenanntem „Schulmeister'', an den Wagen gespannt. Zuerst immer rechts (Handpferd), später dann auch links (Sattelpferd).

Der Wagen muß mit einer guten Bremse, guter Deichsel und guten Aufhaltern versehen sein. Falls keine Sprengwaage vorhanden ist, muß die Spielwaage durch Festmachen auf beiden Seiten zur Sprengwaage gemacht werden. Ist man gezwungen, ein Pferd als Einspänner in den Scheren einzufahren, muß unbedingt das Ortscheit in der Mitte beweglich sein, damit der Zug immer gleichmäßig auf beiden Schultern verteilt ist. Beim Sielengeschirr ist dies obligatorisch.

Ein junges Pferd darf zu zweit nie mit Spielwaage eingefahren werden, da es durch das alte Pferd beim Anziehen immer wieder zurück gerissen wird und sich leicht das „Geigen'' angewöhnt. Geigen nennt man das Vor- und Rückwärtsspringen eines Pferdes beim Anziehen.

Der Wagen muß gut angebremst und so aufgestellt sein, daß man nach jeder Richtung anfahren kann. Wenn das junge Pferd die ersten paar Male vor dem **Anspannen** eine halbe Stunde longiert wurde, damit der Stallmut weggeht, wird man kaum Schwierigkeiten bekommen. Zuerst wird das alte, danach das junge Pferd angespannt. Hierbei ist immer ein Mann am Kopf des Pferdes. Er spricht mit dem Pferd zu dessen Beruhigung und bietet ihm einen Leckerbissen an. Es muß schnell, aber ganz ruhig angespannt werden. Jede Aufregung des Menschen überträgt sich auf das Pferd. Wenn das junge Pferd mit einem Beizügel an das alte angebunden wird, darf dieser Beizügel niemals in das Gebiß des jungen Pferdes eingeschnallt werden, sondern muß in einem extra aufgelegten Halfter oder Kappzaum, eingeschnallt werden. Ein Mann hat während des Einspannens stets die Leinen in der Hand und gibt sie bis nach dem Abspannen nicht aus der Hand.

Keinesfalls darf beim Einfahren ein sogenannter „Laufzügel" verwendet werden, da durch ihn schwere Maulschäden, nicht selten sogar Wirbelsäule- und Gelenkschäden verursacht werden.

Zuerst führt man das junge Pferd mit einem Führzügel, den man extra im Gebiß eingeschnallt hat (keinesfalls an der Kreuzleine, da man damit dem Fahrer jede Möglichkeit nimmt, mit dieser auf das Pferd einzuwirken) bis es ruhig und losgelassen geht. Man läßt das Pferd möglichst bald antraben, da sich die Pferde in einem ruhigen Arbeitstrab am besten beruhigen und loslassen. Der Fahrer muß bemüht sein, das Pferd nicht ins Maul zu reißen und immer wieder durch nachgebende und annehmende Leinenhilfen das Maul weich und tätig zu erhalten. Als Gebiß eignet sich am besten eine einfache Wassertrense, später kann dann die Doppelringtrense verwendet werden.

Am besten benützt man in der ersten Zeit Wege und Straßen mit wenig oder gar keinem Verkehr. Später jedoch wird das junge Pferd auch an den Verkehr gewöhnt, denn ein Pferd, das in der heutigen Zeit nicht verkehrssicher ist, ist unbrauchbar. Falls das Pferd ängstlich sein sollte, sitzt der Beifahrer ab und führt das Pferd am Kopf an dem furchterregenden Gegenstand vorbei, indem er dabei mit ihm spricht und es beruhigt. Die Stimme ist auch hier das beste Beruhigungsmittel, wobei es jedoch immer auf den Tonfall ankommt. Ja nicht schlagen, sonst wird die Angst immer größer. Keinesfalls darf das junge Pferd in der ersten Zeit überanstrengt werden, jedoch muß der Fahrer aufpassen, daß das junge Pferd neben dem Schulmeister auch zum Ziehen kommt. Es ist ein Unding, dem jungen Pferd gleich von Anfang an schwer aufzuladen mit dem Bemerken, das junge Pferd müsse sofort an den schweren Zug gewöhnt werden. Durch dieses Vorgehen bekommt das Pferd starke Schmerzen auf Schultern und Brust, die in jedem Fall dazu führen, daß es am andern Tag Angst vor dem Anziehen hat und damit der erste Grund zum Geigen gegeben ist.

Das **Abspannen** geht genau so schnell und ruhig vor sich wie das Anspannen, nur in umgekehrter Reihenfolge. Man spannt möglichst in Richtung vom Stall weg ab, da die Pferde dabei lieber stehen bleiben. Der Wagen ist dabei gut gebremst und der Fahrer hat die Leinen in der Hand.

Nach dem Abschirren ist das Pferd auf Geschirrdruck und Streichwunden nachzusehen. Schultern und Brust sind mit kaltem Wasser, dem ein Schuß Franzbranntwein oder Spiritus beigemengt ist, abzuwaschen. Dies ist mindestens acht bis zehn Tage lang zu wiederholen. Bei Streichwunden ist der Beschlag nachzusehen, ob die Nieten nicht herausstehen oder ob der innere Schenkel des Eisens evtl. zu weit nach außen gerichtet ist und beim nächsten Fahren sind Streichkappen (Abb. 27) anzulegen. Die Streichwunde muß sofort behandelt werden, damit der Fesselkopf nicht dick wird. Falls das Streichen nicht aufhört, muß man umbeschlagen lassen. Schon manches Pferd hat durch eine nur unscheinbare Streichwunde eine starke Wertminderung erfahren.

Der Mensch lernt fahren

Am Fahrlehrgerät

Das Fahrlehrgerät (Abb. 31) ist ein unentbehrliches Hilfsmittel beim Fahrunterricht. Es setzt den Fahrlehrer in die Lage, zu gleicher Zeit 15 bis 20 Schüler auszubilden. Auch ist man von der Witterung und Tageszeit unabhängig und was

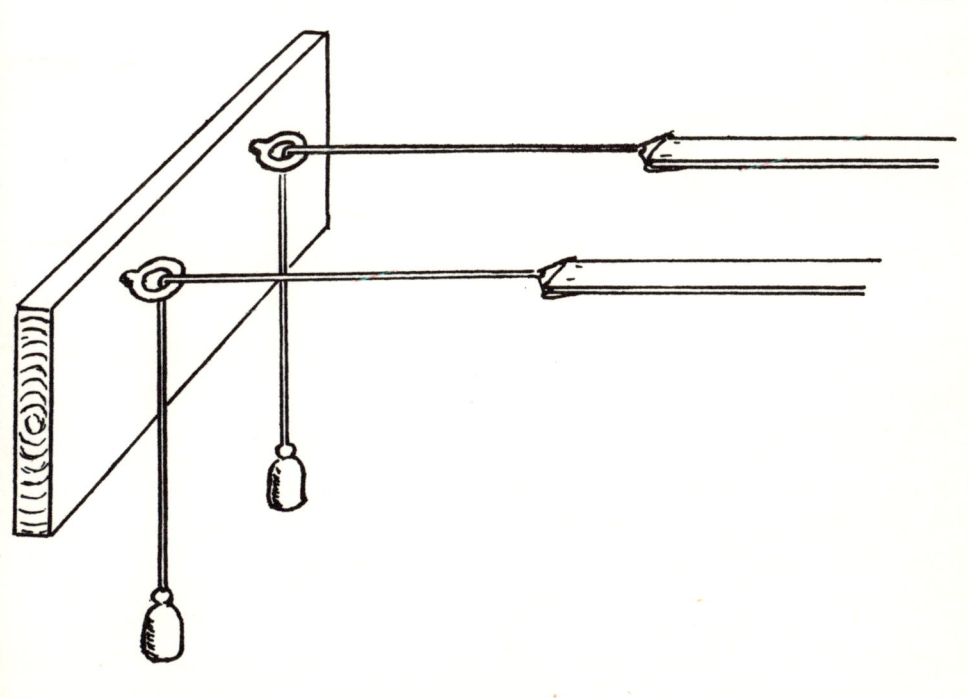

Abbildung 31: Ein einfaches Fahrlehrgerät

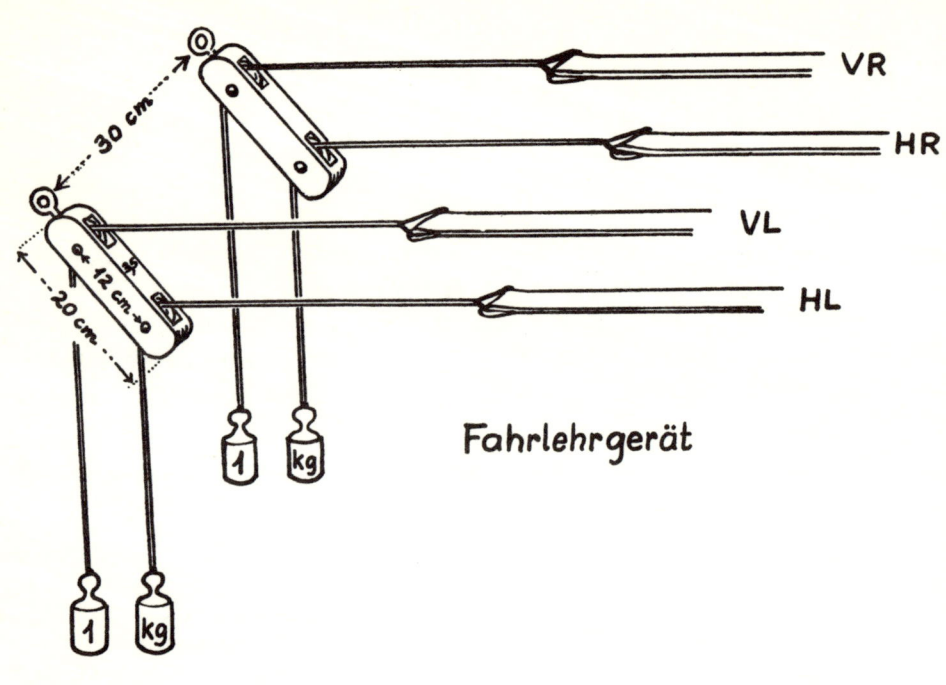

VR

HR

VL

HL

Fahrlehrgerät

Abbildung 32: Ein allen Ansprüchen gerecht werdendes Fahrlehrgerät

das Wichtigste ist, man schont die Pferde. Dies ist der größte Vorteil des Fahrlehrgeräts, denn hier ist es möglich, all die Griffe und Haltungen die notwendig sind, zu erlernen, ohne daß man die Pferde dabei ins Maul reißt.

Einen gut am Fahrlehrgerät ausgebildeten Schüler kann man ohne weiteres auf den Wagen setzen und ihm ein Paar Pferde in die Hand geben, wenn man daneben sitzt.

Schon nach wenigen Stunden wird er sich mit den Pferden zurecht finden. Das Fahrlehrgerät ist kein Spielzeug, wie es von manchen geringschätzig abgetan wird und die Zeit, die man an ihm zum Lernen verbringt, macht sich doppelt bezahlt. Ich habe in Hunderten von Fällen den Wert des Fahrlehrgeräts erlebt und schätzen gelernt. Es ist zudem mit geringen Mitteln anzufertigen oder anfertigen zu lassen, so daß dafür beinahe gar keine Kosten entstehen. Abbildung 31 zeigt ein ganz einfaches, Abbildung 32 ein allen Ansprüchen genügendes Fahrlehrgerät. Beide Arten dieser Fahrlehrgeräte können entweder an einer Holzwand oder an einem leichten hölzernen Rahmenschenkel, der evtl. auf einer Eisenplatte oder ähnlichem mit einigen Schraubenzwingen festgemacht wird, mit Holzschrauben befestigt werden.

Das Fahrlehrgerät ist auch das geeignetste Mittel zur Selbstausbildung für jeden, der Fahren lernen will. An ihm kann er solange probieren, bis die einzelnen Griffe sitzen und ihm keine Mühe mehr machen.

Mit welchem Fahrsystem?

Das Achenbach'sche Fahrsystem

Wenn man in Deutschland vom Fahren spricht, so wird der Name Achenbach immer wieder auftauchen. Benno von Achenbach war einer der ganz großen Fahrkünstler und hat das Fahren als Wissenschaft betrieben. Er hat alle europäischen Länder, in denen gefahren wurde, besucht, vor allem England, das seit jeher das klassische Land des Fahrens war, hat überall das Fahren studiert und das Beste zusammengefaßt und in einem Fahrsystem niedergelegt, das später dann seinen Namen trug. Vor dem Ersten Weltkrieg war er Leiter des Fahrstalles im Kaiserlichen Marstall in Berlin, wo er erstmals 1909 sein erstes Fahrreglement herausgab, das später als Achenbach'sches Fahrsystem so große Bedeutung erlangen sollte. 1922 wurde dieses Achenbach'sche Fahrsystem im deutschen Heer übernommen und in einer H.D.V. niedergelegt. Es erfuhr dadurch eine starke Bedeutung und Verbreitung. Auch auf den Reit- und Fahrschulen in Deutschland wurde von da ab nur noch nach diesem System gefahren. Durch dieses Achenbach'sche Fahrsystem ist es möglich, durch sachgemäße Anspannung und sachgemäßes Fahren größte Ausnützung der Pferdekraft unter größtmöglicher Schonung der Pferde zu erreichen und damit die Pferde möglichst lange einsatzfähig zu erhalten. Das ganze System ruht auf zwei Grundpfeilern:

1. der Zweckmäßigkeit und
2. der Betriebssicherheit.

Jeder Griff beim Fahren, beim Schirren, wie auch beim An- und Abspannen ist zweckmäßig. Durch das vorschriftsmäßig weiche Am-Zügel-stehen und Einleitung der Wendungen durch Nachgeben mit der äußeren Leine werden die Pferde vertraut, zugfreudig und zugsicher (siehe Seite 95).

Nicht immer sind die Pferde schuld, wenn etwas passiert, sondern meistens das Nichtskönnen und die Unachtsamkeit des Fahrers oder unsachgemäße Anspannung, z.B. falsch verschnallte Leinen, falsch liegende Gebisse, zu lange Aufhalter, zu kurze Deichseln, nicht fest sitzende Stränge auf den Ortscheiten und nicht zu vergessen: unpassende Kumte oder schlecht sitzende Brustblätter, die manches Pferd zur Verzweiflung bringen. Jeder Fahrer eines motorisierten Fahrzeuges muß eine Prüfung machen, um seine Kenntnisse zur Beherrschung des Fahrzeuges unter Beweis zu stellen. Der Pferdegespannfahrer braucht das bis heute noch nicht, obwohl es gerade hier ebenso wichtig wäre.

Wenn ich höre, daß sich Leute, die noch nie in ihrem Leben etwas mit Pferden zu tun hatten, ein Gespann mieten und damit losfahren, so schüttelt mich das Grauen über die Verantwortungslosigkeit der Vermieter. Beim Motorfahrzeug herrscht nur ein Wille, und zwar der des Fahrers. Beim Pferdegespann sind jedoch immer mehrere da, die einen eigenen Willen haben und die durch das Können des Fahrers unter einen Hut gebracht werden müssen. Hier ist es nicht ohne weiteres selbstverständlich, daß das Gespann hält, wenn der Fahrer Halt

sagt, die Leinen annimmt und die Bremse zumacht. Dazu braucht man gut gefahrene und im Gehorsam stehende Pferde, die von einem guten Fahrer gearbeitet wurden. Und dies ermöglicht uns das Achenbach'sche Fahrsystem.

Natürlich kann man auch anders fahren, „frei nach Schnauze", wie man so schön sagt. In jeder Hand eine Leine und dann zieht man links, wenn man nach links will und umgekehrt. Mit dieser Methode jedoch werden wir die Pferde nie so arbeiten und gymnastizieren können, wie das beim Achenbach'schen Fahrsystem möglich ist und wie wir es, um unsere Pferde möglichst lange einsatzfähig zu erhalten, brauchen. Es ist deshalb für jeden Fahrer nur von Vorteil, dieses Fahrsystem zu beherrschen.

Bei dem Achenbach'schen Fahrsystem unterscheidet man drei Arten von Haltungen:

1. die Grundhaltung,
2. die Gebrauchshaltung,
3. die Arbeits- oder Dressurhaltung.

Als Haltung bezeichnet man die Art, wie man die Leinen in der Hand hält.

Die Grundhaltung

Bei der Grundhaltung (Abb. 33) werden die beiden Leinen so in die linke Hand genommen, daß die linke Leine über dem Zeigefinger, die rechte Leine zwischen Mittel- und Ringfinger liegt. Die drei unteren Finger umschließen fest beide Leinen und halten sie, während Daumen und Zeigefinger leicht geöffnet sind. Diese Leinenhaltung wird auch bei den anderen beiden Haltungen nie aufgegeben. Man nennt diese Grundhaltung auch Fahren mit einer Hand. Die Peitsche ist dabei in der rechten Hand.

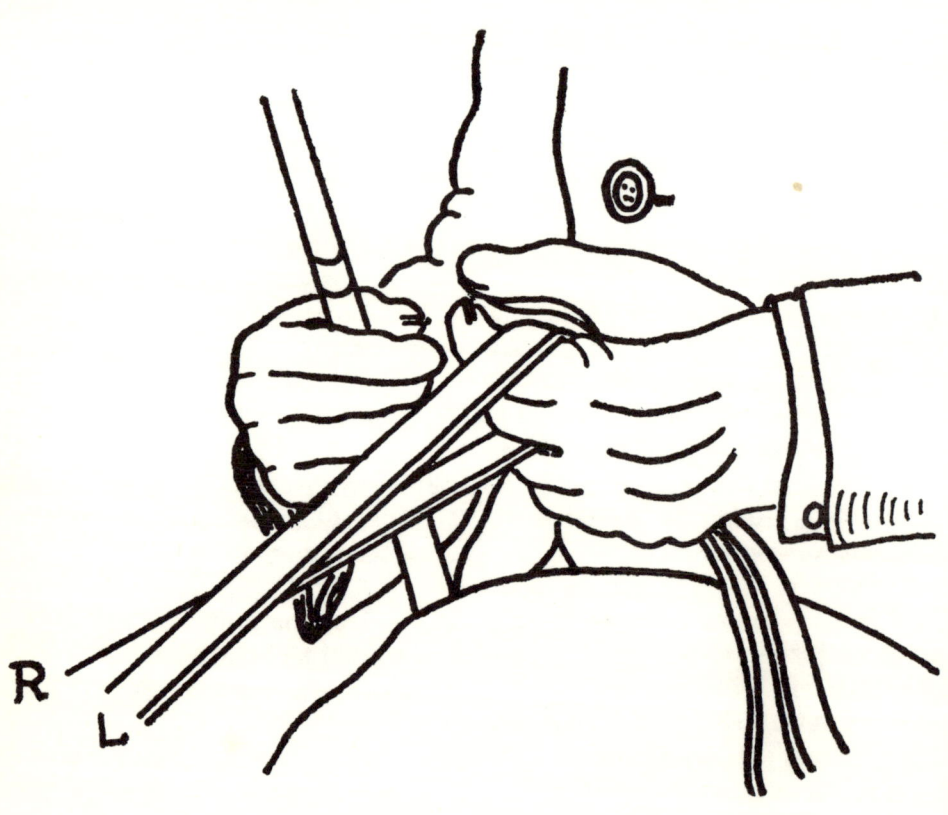

Abbildung 33: Grundhaltung

Die Gebrauchshaltung

Im allgemeinen fährt man in der Gebrauchshaltung, um die linke Hand zu entlasten (Abb. 34), bei der die rechte Hand, mit der Peitsche in der Hand, auf die rechte Leine geht und sie mit den unteren drei Fingern umfaßt. Daumen

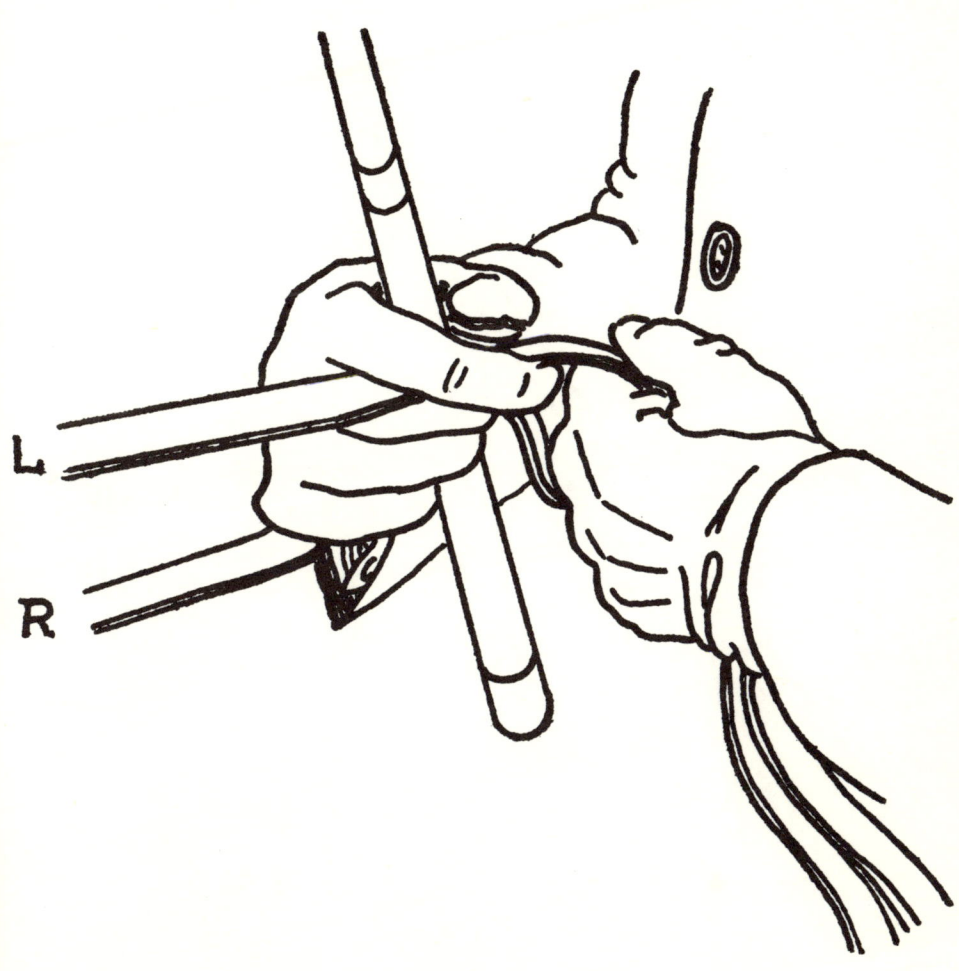

L

R

Abbildung 34: Gebrauchshaltung

und Zeigefinger gehen über die linke Leine und der rechte Zeigefinger umschließt die linke Leine. Die rechte Hand steht unmittelbar vor der Linken.

Die Arbeits- oder Dressurhaltung

Zum Arbeiten der Pferde, also auch zum Einfahren junger Pferde, wird

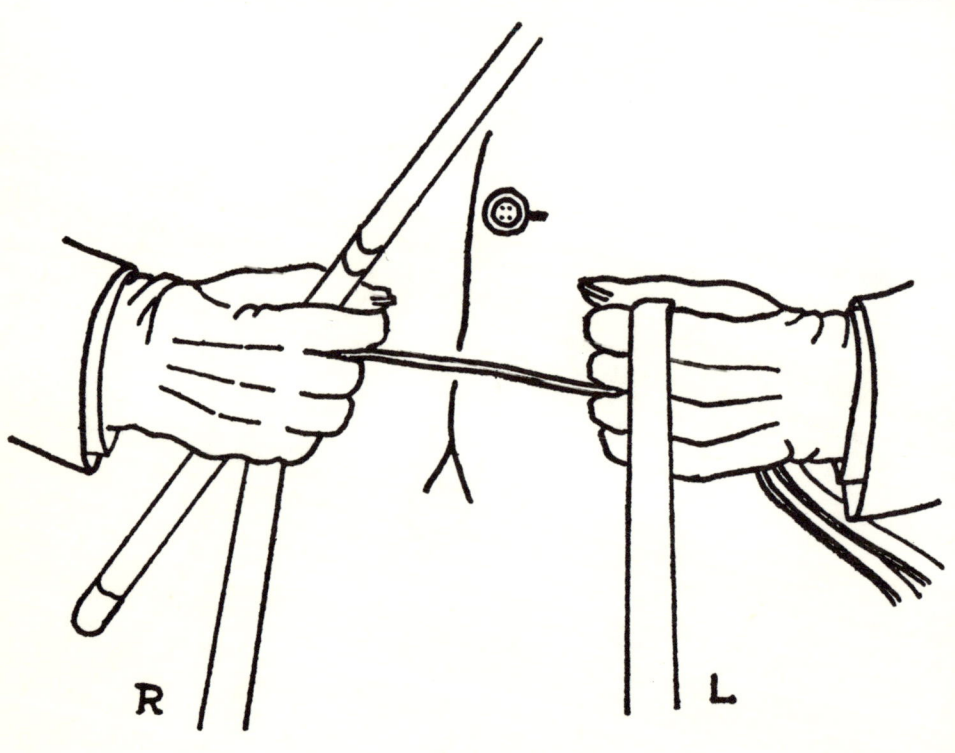

Abbildung 35: Arbeits- oder Dressurhaltung

die sogenannte „Arbeits- oder Dressurhaltung" eingenommen (Abb. 35). Zu diesem Zweck zieht die rechte Hand etwa eine Handbreit der rechten Leine aus der linken Hand heraus, Zwischenstück genannt. Der Fahrer hat jetzt die Möglichkeit, mit jeder Leine einzeln auf die Pferde einzuwirken und damit den Pferden z.B. in den Wendungen, die notwendige Stellung abzuverlangen. Diese Haltung nimmt man auch immer ein, wenn etwas Unvorhergesehenes auf der Straße kommt, weil man damit besser auf die Pferde einwirken kann. Will man wieder zur Gebrauchshaltung zurück, holt sich die linke Hand das Zwischenstück bei der Rechten ab und der rechte Zeigefinger umfaßt wieder die linke Leine.

Zum Verlängern beider Leinen zieht die rechte Hand beide Leinen um das notwendige Stück in Richtung des Pferdemauls zu aus der linken Hand heraus. Zum Verkürzen beider Leinen, das viel öfter vorkommt, kann man verschiedene Arten anwenden. Beim „Verkürzen zentimeterweise" geht die rechte Hand einige Zentimeter auf beiden Leinen vor, hält die Leinen fest, die linke Hand greift nach und beide Hände gehen auf ihren Platz zurück.

Beim Verkürzen um ein größeres Stück faßt die rechte Hand hinter der Linken (Abb. 36) beide Leinen zwischen Zeige- und Mittelfinger, wie eine und hält sie fest. Die linke Hand geht auf beiden Leinen ein größeres Stück vor, hält dort die Leinen fest, die rechte Hand geht

Verlängern und Verkürzen der Leinen

Während des Fahrens wird es immer wieder notwendig werden, das Leinenmaß zu berichtigen, d.h. die Leinen zu verlängern oder zu verkürzen. Jedes Verkürzen oder Verlängern geschieht aus der Gebrauchshaltung heraus.

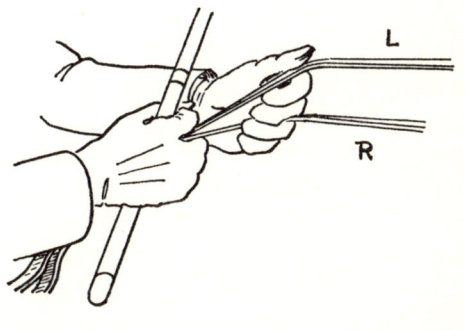

Abbildung 36:
Verkürzen um ein größeres Stück

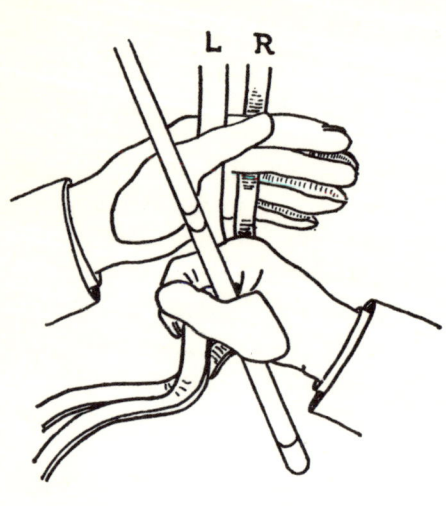

Abbildung 37:
Verkürzen um ein bestimmtes Maß

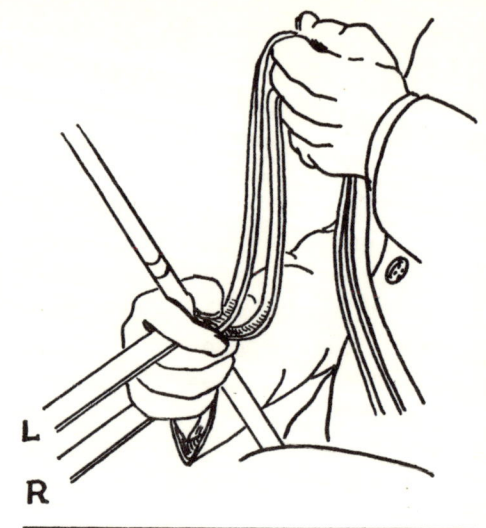

Abbildung 38:
Vorübergehendes Verkürzen oder die scharfe Parade

wieder in Gebrauchshaltung und beide Hände gehen wieder auf ihren Platz zurück. Diese Art der Verkürzung wendet man immer beim Gebrauch der Bremse an und übergibt dann die Peitsche der linken Hand zwischen Daumen und Zeigefinger, während die Rechte die Bremse bedient. Man bedient die Bremse nie mit der Peitsche in der Hand, weil man unweigerlich das rechte Pferd mit der Peitsche belästigt, was sehr unangenehm werden kann.

Das Verkürzen um ein bestimmtes Maß (Abb. 37) wird immer vor einer Rechts- und einer Rechtsumkehrwendung angewandt, weil während dieser Wendungen die Leinen zu lang werden, weil der Fahrer auf dem Bock rechts sitzt und die Pferde bei einem Wagen mit Drehkranz näher auf den Fahrer zukommen. Die linke Hand läßt dabei die Leinen los und geht vor der Rechten wieder in Grundhaltung in die Leinen hinein. Jetzt geht die Rechte

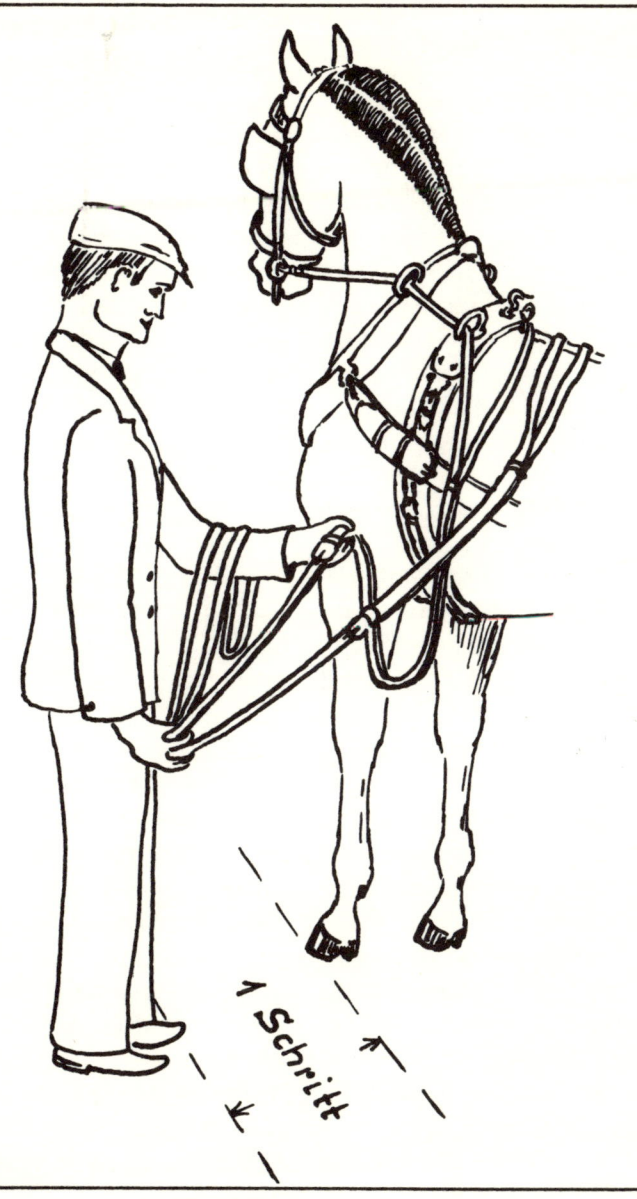

Abbildung 39: Das Leinenaufnehmen

wieder in Gebrauchshaltung vor die Linke und beide Hände gehen auf ihre Ausgangsstellung zurück.

Beim vorübergehenden Verkürzen beider Leinen oder der scharfen Parade (Abb. 38) geht die rechte Hand um ein größeres Stück auf beiden Leinen vor, hält fest und geht zurück zur Leibesmitte. Die linke Hand macht durch Steigen gegen das Kinn zu Platz. Diese Art von Verkürzung wendet man nur bei Gefahr für Mensch und Tier an, weil sie zu stark auf die Laden und Gelenke der Pferde geht, da man dabei nicht in der Lage ist, die Bremse zu bedienen, ausgenommen, man hätte eine Fußbremse. Das Verlängern und Verkürzen einzelner Leinen (Filieren genannt), muß vom Fahrer intensiv geübt werden. Es ist zugleich eine wichtige Übung für das Vierspännigfahren. Die rechte Hand schiebt beim Verkürzen oder zieht beim Verlängern die rechte oder linke Leine je nach Bedarf durch Drehung in die linke Hand hinein oder zieht sie heraus, wobei bei der linken Leine rechter Zeigefinger und Daumen, bei der rechten Leine die unteren drei Finger der rechten Hand die Leine zentimeterweise verlängern bzw. verkürzen. Dabei müssen die beiden Hände zusammen arbeiten.

Daneben kann die rechte Leine auch noch durch ein größeres Stück verlängert oder verkürzt werden, was man vor und nach einer Kehrtwendung immer braucht. Vor einer Linksumkehrtwendung zieht die rechte Hand die rechte Leine um ein größeres Stück aus der linken Hand nach vorn gegen das Pferdemaul zu heraus. Vor einer Rechtsumkehrtwendung nimmt die rechte Hand die rechte Leine ganz aus der linken Hand heraus, geht hinter die Linke und setzt sie dort wieder in die linke Hand zwischen Mittel- und Ringfinger hinein.

Aufnehmen der Leinen

Wenn auch der Hobby- oder Freizeitfahrer sich keine allzugroße Gedanken über das Leinenaufnehmen vor dem Aufsitzen macht, so ist es doch, vor allem für diejenigen Fahrer, welche Interesse haben das Fahrerabzeichen zu erwerben, oder später evtl. vierspännig fahren wollen, notwendig, sich mit diesem Leinenaufnehmen auseinander zu setzen. Bei der Prüfung für das Fahrerabzeichen muß der Bewerber das Leinenaufnehmen praktisch vormachen und erklären und beim Vierspännigfahren ist es unumgänglich, das Leinenaufnehmen zu beherrschen, wenn man mit einem Viererzug nach dem Aufsitzen sofort geradeaus anfahren will. Deshalb ist nun auch dieses Kapitel in die neue Auflage hereingenommen worden, damit sich derjenige Personenkreis, welcher sich angesprochen fühlt, mit dem Leinenaufnehmen vertraut machen kann.

Nachdem der Fahrer nochmals um das ganze Gespann herum gegangen ist und nachgesehen hat, ob alles in Ordnung ist, stellt er sich zum Aufnehmen der Leinen in Grundstellung einen Schritt links seitwärts vom linken Pferd in Höhe des Kammdeckels mit Front zu den Pferden so auf, daß er mit dem ausgestreckten Arm das Pferd noch erreichen kann. Nun nimmt der Fahrer mit der rechten Hand die Leinen aus der Oberblattstrippe und legt sie von innen nach außen auf den linken Unterarm. Hierauf ergreift die rechte Hand zwischen Zeigefinger und Mittelfinger die rechte Leine hinter der Kreuzschnalle, die unteren drei Finger umschließen ganz leicht die Leine, die Hand nimmt mit der Leine Fühlung mit dem Pferdemaul auf und gleitet nun auf der Leine herunter, bis der Arm senkrecht hängt. Diese Stelle hält man unbedingt fest. Nun übergibt die linke Hand die linke Leine direkt hinter der Kreuzschnalle der Rechten zwischen Daumen und Zeigefinger und verlängert nun die linke Leine, indem sie die linke Kreuzschnalle 5 cm über das jeweilige Normalloch der rechten Leine hinauszieht. Man verlängert deshalb die linke Leine, weil der Fahrer auf dem Bock rechts sitzt und so die linke Leine einen längeren Weg zu beschreiben hat als die rechte. Jetzt übergibt die rechte Hand der Linken die Leinen in Grundhaltung. Der Fahrer sieht sich nun den Abstand vom Bock bis zu den Pferden an, geht in Gebrauchshaltung und verlängert seine Leinen je nach Bedarf. Das überhängende Ende der Leinen schlägt er über den linken Unterarm. Bei jungen Pferden legt man mit der linken Leine eine große Schleife unter den linken Daumen, damit sie nicht nach rechts weglaufen. Jetzt geht der Fahrer mit Blickrichtung zu den Pferden zum Wagen, läßt dabei die Schleife langsam durchgleiten, steigt schnell auf den Wagen, setzt sich sofort hin, nimmt das überhängende Leinenende vom linken Unterarm und läßt es außen am linken Oberschenkel hinuntergleiten, nimmt die Peitsche in die Hand, öffnet geräuschlos die Bremse, stellt seine Pferde ans Gebiß und ist fertig zum Anfahren.

Richtungsänderungen

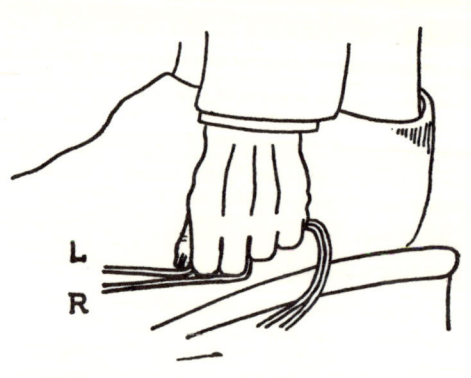

Alle Richtungsveränderungen im Verkehr müssen den anderen Verkehrsteilnehmern durch sogenannte „Verkehrszeichen" angezeigt werden, genauso, wie wir das als Autofahrer gewöhnt sind. Die Erfahrung hat jedoch gezeigt, daß wir mit dem beim Pferdegespann üblichen Verkehrszeichen mit der Peitsche über dem Kopf, Spitze nach links zeigend, nicht mehr auskommen, weil dieses Verkehrszeichen von niemand beachtet und verstanden wird. Wir müssen das Verkehrszeichen mit dem freien, linken Arm durch Seitwärtsstrecken des Armes nach links, geben. Dazu müssen wir Peitsche und Leinen vorübergehend in die rechte Hand nehmen, oder falls ein Beifahrer dabei ist, diesen anweisen, das Zeichen zu geben. Vor dem Verkehrszeichen muß sich der Fahrer umsehen, ob es der Verkehr erlaubt, seine Fahrtrichtung zu ändern. Das Umsehen ist noch wichtiger als das Verkehrszeichen selbst.

Die kleinste Richtungsveränderung ist das Links- und Rechtsheranfahren, das man mit einer oder mit beiden Händen ausführen kann. Beim Linksheranfahren mit einer Hand dreht sich die linke Hand so,

Abbildung 40:
Rechtsheranfahren mit einer Hand

daß der Handrücken nach oben zeigt und dabei die linke Leine über den Handrücken läuft. Das Linksheranfahren mit beiden Händen geschieht aus der Arbeitshaltung heraus, indem die rechte Hand etwas nach vorn nachgibt und die linke Hand sich etwas nach rückwärts aufwärts dreht. Zum Rechtsheranfahren mit einer Hand geht die linke Hand zum linken Oberschenkel (Abb. 40), Daumen und Zeigefinger drücken dabei auf die rechte Leine. Zum Rechtsheranfahren mit beiden Händen geht die rechte Hand etwa 10 cm auf der rechten Leine vor und hält fest, die linke Hand gibt nach vorwärt nach.

Wendungen

Sämtliche Wendungen werden durch Nachgeben der äußeren Leine eingeleitet. Dadurch erhält das äußere Pferd mehr Leinenfreiheit, kann deshalb schneller vorwärtsschreiten, kommt dadurch vermehrt in den Zug und bringt durch sein vermehrtes Ziehen an der festen Sprengwaage den Wagen in die Wendung. Bei der Spielwaage zieht das äußere Pferd nur seine Hälfte der Spielwaage nach vorwärts und drückt dann mit der inneren Schulter die Deichsel in die Wendung. Man muß deshalb bei der Spielwaage die Wendung früher einleiten als bei der Sprengwaage, damit man die Pferde nicht im letzten Moment herumreißen muß. Die Pferde müssen bei der Wendung nach innen gestellt sein, nur so kann eine Wendung korrekt gefahren werden. Dies ist jedoch nur dann möglich, wenn der Fahrer die Wendung in ruhigem Tempo durchfährt und die Pferde gut am Gebiß stehen. Man muß nötigenfalls das innere Pferd mit der Peitsche vortreiben können, um die Stellung zu erhalten oder zu verbessern, was man nur bei ruhigem Tempo kann, andernfalls laufen einem die Pferde weg. Alle Wendungen sind als Bogenwendungen ausgebaut, so daß man sowohl Links- als auch Rechtswendungen im abgekürzten Trabe fahren kann, ausgenommen in Ortschaften, wo es noch Winkelwendungen gibt. Winkelwendungen jedoch, das sind Wendungen, die im rechten Winkel zur bisherigen Richtung führen, sind im Schritt zu fahren, damit die Pferde nicht auf dem glatten Asphalt oder Pflaster ausrutschen und fallen. Kehrtwendungen sind nur im abgekürzten Schritt, beinahe aus dem Halten heraus, zu fahren, damit sich die Pferde nicht gegenseitig die Kronen ein- oder die Eisen heruntertreten. Je langsamer eine Kehrtwendung gefahren wird, desto besser gelingt sie.

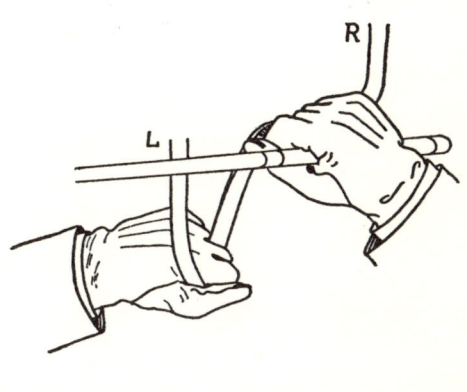

Abbildung 41: Linkswendung

Die Linkswendung

Eine Linkswendung wird aus der Arbeitshaltung heraus gefahren, wobei die rechte Hand nach vorwärts nachgibt und die linke Hand durch Drehen nach rückwärts-aufwärts, so daß die linke Leine über den Handrücken läuft, annimmt (Abb. 41).

Die Rechtswendung

Bei der Rechtswendung müssen zuerst die Leinen um ein bestimmtes Maß (siehe Verkürzen der Leinen) verkürzt werden, dann geht die rechte Hand auf der rechten Leine etwa 10 bis 15 cm vor, hält dort fest und die linke Hand gibt nach. Nach der Wendung werden die beiden Leinen wieder verlängert.

Kehrtwendungen

Die Kehrtwendungen dürfen, wie schon gesagt, nur beinahe aus dem Halten heraus gefahren werden.

Linksumkehrtwendung

Zur Linksumkehrtwendung verlängert die rechte Hand die rechte Leine um zweimal 10 cm. Man zieht die 20 cm nicht auf einmal heraus, damit man die Fühlung mit dem Pferdemaul nicht verliert und die Pferde zu schnell herumtreten. Die linke Hand dreht sich so, daß die linke Leine über den Handrücken läuft. Treten die Pferde zu schnell herum, hält die rechte Hand auf der rechten Leine etwas dagegen, treten sie zu wenig herum, gibt die rechte Hand die rechte Leine noch etwas heraus.

Rechtsumkehrtwendung

Bei der Rechtsumkehrtwendung, die nur auf Straßen, wo es der öffentliche Verkehr erlaubt und im Gelände oder Übungs- und Turnierplätzen gefahren werden darf, muß zuerst scharf nach links herangefahren werden, damit man rechts Platz zum Kehrtmachen hat. Hierauf werden beide Leinen um ein bestimmtes Maß verkürzt, weil die Pferde näher auf den Fahrer zukommen, dann verkürzt die rechte Hand die rechte Leine um ein größeres Stück (siehe Verkürzen und Verlängern der rechten Leine), die linke Hand gibt soviel nach, daß die Pferde ruhig herumtreten und die Stellung erhalten bleibt. Nach der Wendung verlängert die rechte Hand zuerst die rechte Leine, dann beide Leinen um das vorher verkürzte Stück. Vor allen Wendun-

gen immer zuerst umsehen und
Zeichen geben.

Peitschenhilfen

Das Wagenpferd muß von Anfang
an an den Gebrauch der Peitsche
gewöhnt werden, da nur allein mit
der Peitsche beim Fahren treiben-
de Hilfen gegeben werden können.
Da es schon beim Longieren gelernt
hat, die Peitsche zu respektieren,
jedoch nicht zu fürchten, bereitet
dies im allgemeinen keine Schwierigkeiten. Die Peitsche gehört während des Fahrens dauernd in die
Hand, um sie bei Bedarf sofort anwenden zu können. Ohne Peit-

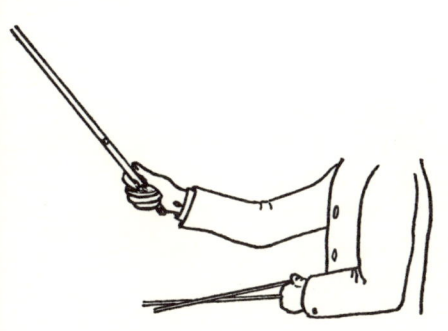

Abbildung 42:
Peitschenhilfe aus dem freien Arm

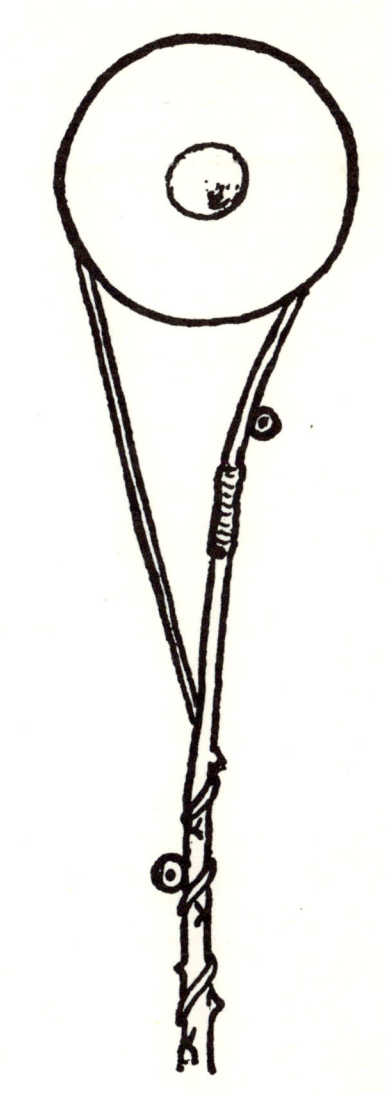

Abbildung 43:
Peitschenbrett

sche ist der Fahrer machtlos und der Willkür seiner Pferde ausgesetzt.

Man unterscheidet drei Arten von Peitschenhilfen:

1. die vortreibende Peitschenhilfe,
2. die versammelnde Peitschenhilfe,
3. die strafende Peitschenhilfe.

Jede Peitschenhilfe wird aus dem freien Arm gegeben (Abb. 42), d.h. die Leinen werden von der rechten Hand losgelassen, so daß man jetzt in Grundhaltung ist. Der Fahrer stößt das untere Ende des Peitschenstocks auf dem rechten Oberschenkel auf, damit ihm die ganze Länge der Peitsche zur Verfügung **steht**. Bei der **vortreibenden** Peitschenhilfe gibt der Fahrer mit der linken Hand in Richtung des Pferdemauls etwas nach, die rechte Hand gibt die Peitschenhilfe so, daß der Peitschenschlag einige Sekunden auf dem Pferd dicht hinter dem Kammdeckel liegen bleibt. Ein Pinseln und Zurückzupfen mit dem Peitschenschlag ist zu vermeiden. Desgleichen das Knallen mit der Peitsche, da dadurch nur das temperamentvolle Pferd angetrieben wird, der Faule kümmert sich nicht darum.

Eine **versammelnde** Peitschenhilfe gibt man, wenn die Pferde etwas schlapp sind, damit sie sich selbst mehr tragen, die Hinterhand mehr untersetzen und dadurch die Versammlung erhöht wird. Sie wird ebenso wie die vortreibende dicht hinter dem Kammdeckel gegeben. Die linke Hand hält mit den Leinen etwas gegen (halbe Parade), damit sich die Pferde am Gebiß abstoßen.

Bei der **strafenden** Peitschenhilfe hält die linke Hand mit den Leinen stark gegen, der Fahrer schlägt kurz, aber scharf gegen die Brust des Pferdes zu unter die Strangstutze. Die strafende Peitschenhilfe ist nur in den allerseltensten Fällen anzuwenden. Unter keinen Umständen darf ein Pferd infolge Scheuens gestraft werden!

Alle Peitschenhilfen müssen möglichst geräuschlos gegeben werden. Vor allem hüte man sich vor dem so beliebten Treiben auf der Kruppe, wobei die rechte Hand noch in der rechten Leine ist, das von manchen Pferden übel vermerkt und durch Ausschlagen quittiert wird.

Will man seine Peitschen stets in guter Form und bei Bogenpeitsche den Schwanenhals erhalten, so muß man sie auf einem Peitschenbrett (Abb. 43) aufhängen und nicht einfach in eine Ecke stellen. Der Eindruck, den ein Gespann hinterläßt, hängt auch von einer guten Peitsche und deren Haltung und Anwendung ab. Eine Peitsche so krumm wie ein Türkensäbel wird nie einen guten Eindruck hinterlassen.

Rückwärtsrichten

Jedes Wagenpferd muß so willig und durchlässig sein, daß es jederzeit den Wagen rückwärts nimmt. Dieses Rückwärtsrichten muß dem Pferd zuerst beigebracht werden, es muß es also zuerst lernen, da es gegen seine Natur geht. Auch muß das Wagenpferd, im Gegensatz zum Reitpferd, beim Rückwärtsrichten zusätzlich den oftmals schweren Wagen mit zurück nehmen.

Man übt mit den Pferden das Rückwärtsrichten an einer etwas geneigten Stelle, wo der Wagen fast von selbst rückwärts läuft und stellt die Anforderungen erst allmählich höher. In der ersten Zeit sollte man grundsätzlich zu zweit sein, damit sich eine Person vor die Pferde stellen kann und, falls es Schwierigkeiten gibt, mit einer Reitgerte abwechslungsweise die Kronen der Vorderbeine berührt. Auf diese Hilfe tritt jedes Pferd zurück. Nach dem Rückwärtstreten immer wieder loben und einen Leckerbissen geben, damit die Pferde wissen, daß das richtig war, was sie getan haben. Pferde haben ein sehr gutes Gedächtnis und lernen im allgemeinen schnell. Man hüte sich davor, die Pferde durch harte Leinenhilfen zurückzureißen, da dadurch die Pferde das Vertrauen zur Fahrerhand verlieren. Zum Rückwärtsrichten verkürzt man zuerst gut die Leinen, nimmt dann Arbeitshaltung ein und richtet ruhig Tritt für Tritt, jedoch ohne abzusetzen, zurück. Man begnüge sich im Anfang mit einem oder zwei Tritten. Man soll nie mehr als zwei Pferdelängen (6 Tritte) zurückrichten. Der Wagen soll, wenn man nicht zum Wenden zurückrichtet, auf gerader Linie zurückrollen und darf daher nicht den geringsten Einschlag mit der Deichsel haben. Beim Zurücksetzen zu einer Wendung soll die Deichsel den Einschlagswinkel einnehmen, den sie beim Vorwärtsfahren eingenommen hätte. Vor allem bei kurzen Wagen nur einen ganz kleinen Einschlagswinkel nehmen, sonst klappt der Wagen schon nach den ersten Tritten wie ein Taschenmesser zusammen. Man muß das Rückwärtsrichten immer wieder bei jeder Gelegenheit üben, sonst treten die Pferde nie willig und gehorsam zurück. Glaube ja kein Fahrer, daß er ohne Rückwärtsrichten auskommt. Es gibt immer wieder Fälle, wo man nur durch Rückwärtsrichten aus einer verfahrenen Situation wieder herauskommt.

Paraden und Hilfen

Bei den Hilfen unterscheidet man **akustische** und **mechanische** Hilfen. Sie dienen dazu, dem Pferd den Willen des Fahrers kundzutun, also sich mit dem Pferd zu verständigen. Die akustistischen Hilfen werden mit der Stimme (Sprache) oder mit der Zunge (Schnalzen) gegeben, während die mechanischen Hilfen durch die Einwirkung der Fahrerhand über die Leinen und das Gebiß auf das Pferdemaul und durch die Peitsche erreicht werden. Vor allem mit jungen Pferden soll man immer mit ruhiger und freundlicher Stimme sprechen, um damit das Vertrauen des Pferdes zu stärken. Mit den mechanischen Hilfen soll man die Pferde nie überfallen oder gar rohe und harte Hilfen geben, da durch solche Hilfen die Pferde nur unwillig gemacht werden.

Als Parade bezeichnet man ein leichtes Gegenhalten mit den Leinen, das sich bis zum Annehmen steigern kann. Man unterscheidet halbe und ganze Paraden. Bei einer halben Parade hält der Fahrer mit den Händen leicht gegen, bis sich die Pferde am Gebiß abgestoßen haben und gibt dann wieder nach, aber nur soviel, daß die Pferde nicht schneller werden. Diese halben Paraden braucht man:

1. um die Pferdemäuler lebendig oder tätig zu machen, damit die Pferde kauen und durchlässig werden,

2. um dem Vorwärtseilen zu begegnen und

3. um eine Stellung herbeizuтuhren, die man bei jeder Wendung braucht.

Durch die ganze Parade kommt das Gespann zum Stehen, gleichgültig aus welcher Gangart. Jede ganze Parade soll durch verschiedene halbe Paraden eingeleitet werden, damit sie nicht zu hart wirkt. Sie ist grundsätzlich nur im Verein mit der Bremse zu geben. Andernfalls geht die ganze Parade, durch das Aufhalten des nachrollenden Wagens bedingt, zu sehr auf die Vorderbeine der Pferde und muß zudem zu hart gegeben werden.

Fahren - einfach

Um auch denjenigen Menschen, die nur selten einmal Gelegenheit haben, ein Gespann in die Hand zu bekommen, wie z.B. im Urlaub oder bei einem Besuch bei Bekannten, die ein Gespann haben, und mit dem Achenbach'schen Fahrsystem nicht vertraut sind, etwas zu helfen, möchte ich ganz kurz auf die einfachsten Dinge beim Fahren eingehen: Für das Geschirr, das Anspannen und den Wagen gilt in allen Fällen das in den vorherigen Kapiteln Gesagte, denn in diesen Dingen gibt es keine Ausnahme, wenn nicht Menschen und Tiere in größte Gefahr kommen sollen. Aber das Fahren selbst kann sehr vereinfacht werden, vorausgesetzt, man hat ruhige, vertraute Pferde, die auch einen falschen Zügelanzug nicht krumm nehmen und den richtigen Weg einhalten. Daneben wäre es wünschenswert, wenn eine zweite Person, die etwas vom Fahren versteht, neben dem Fahrer sitzen würde.

Bei dieser Art von Fahren nimmt man am besten in jede Hand eine Leine und läßt zum Geradeausfahren beide Leinen gleichmäßig anstehen. Dieses Anstehenlassen der Leinen ist die Verbindung zwischen der Hand des Fahrers und den Pferdemäulern und soll dauernd erhalten sein.

Man muß sich jedoch davor hüten, diese Verbindung zu stark zu nehmen und damit zu hart einzuwirken, sonst gehen die Pferde nicht mehr vorwärts und werden hart und stumpf im Maul. Die Verbindung zwischen Fahrerhand und Pferdemaul soll wie ein weiches, elastisches Gummiband sein. Man darf ja nicht im Maul hängen, sondern muß immer wieder annehmen und nachgeben, damit die Pferdemäuler lebendig bleiben und kauen.

Beim Fahren von Wendungen muß man mit der äußeren Hand nachgeben und mit der inneren annehmen, d.h. wenn man links herum will, gibt man rechts nach und nimmt links an, will man rechts herum, umgekehrt. Ich möchte auch hier — bei der primitivsten Erklärung des Fahrens — das Wort Ziehen an der inneren Leine vermeiden, da man dies nie tun soll, man soll nur die Leine einige Zentimeter annehmen.

Will man halten, dreht man zuerst die Bremse zu und nimmt beide Leinen an und sagt gleichzeitig ein langgedehntes „Haalt". Beim Anfahren macht man zuerst die Bremse auf, nie vergessen, und gibt mit beiden Händen nach und sagt „Komm" (oder ein ähnliches, immer gleichlautendes Kommando). Wenn die Pferde dann in Bewegung sind, stellt man die Verbindung mit dem Pferdemaul wieder her. Will man bremsen oder eine Peitschenhilfe oder ein Verkehrszeichen geben, nimmt man die Leinen in eine Hand.

Auf alle Fälle muß man verhindern, daß die Pferde im Trab zu schnell werden oder bergab in Trab kommen, da sonst im allgemeinen ein Durchgehen nicht zu verhindern ist. In beiden Fällen Bremse fest anziehen, mit den Leinen stark gegenhalten und die Pferde mit der Stimme beruhigen, indem man ihnen immer wieder ein lang gedehntes „Hooo-Hooo" zuruft. Ja nicht glauben, man könne seine Fahrkünste nach Wildwestmanier, wie man es vom Fernsehen oder Kinos kennt,

ausprobieren, denn das geht meistens schief. Wenn man schon mit diesen Kenntnissen, wie ich sie anfangs erwähnte, ein Gespann in die Hand nimmt, muß das Wort Vorsicht an erster Stelle stehen. Das gilt sowohl bei großen als auch bei kleinen Pferden. Gerade unsere Ponys haben ihren eigenen Dickkopf und wer einmal miterlebt oder gesehen hat, wie ein Ponygespann durchgegangen ist, wird mir beipflichten, daß auch bei diesen kleinen Pferden Vorsicht geboten ist.

Bergauf und bergab fährt man grundsätzlich Schritt, dasselbe gilt für schlechte Straßen und Wege, auf denen die Pferde keinen einzigen guten Tritt tun. Auch ist das Pferd kein Motor, dem man stundenlang Höchstleistungen abverlangen kann, sondern man muß immer wieder nach einer bestimmten Zeit und Strecke (siehe Tagesfahrten) Schritt fahren, damit sich die Pferde erholen könnnen.

Man muß sich davor hüten, mit der Einstellung eines Autofahrers ein Pferdegespann in die Hand zu nehmen. Ich habe immer wieder die Erfahrung gemacht, daß gerade Autofahrer viel zu viel von den Pferden verlangen, sei es beim Reiten oder beim Fahren. Das Auto ist eine Maschine, die der Mensch völlig beherrschen kann, falls er über die notwendigen Kenntnisse, die er zudem durch eine Prüfung unter Beweis stellen muß, verfügt. Das Pferd jedoch ist ein lebendes Wesen, das einen eigenen Willen hat, den man nicht ohne weiteres ausschalten kann. Es ist für einen Laien sehr gefährlich, diesen Willen durch rohe Gewalt brechen zu wollen. Durch liebevolle und vernünftige Behandlung kommt man immer am weitesten und meistens auch ans Ziel. Dazu gehört auch eine vernünftige Beanspruchung des Pferdes hinsichtlich seiner Leistungsfähigkeit.

Am besten eignet sich die Spielwaage bei diesem Fahren, damit beide Pferde gleich viel zu ziehen haben. Der Fahrer ist nämlich nicht imstande, ein faules Pferd im Gespann zum Ziehen zu bewegen. Dieses Fahren muß aber eine Notlösung bleiben.

Jeder, der ein Gespann in die Hand nimmt, sollte sich bemühen, in die Geheimnisse der Fahrkunst einzudringen, um das Gespann zu beherrschen. Es gibt nichts auf der Welt, das man nicht lernen muß, und beim Fahren erfährt man das in dem Augenblick, wenn man etwas temperamentvollere Pferde am Wagen hat, die anders wollen als der Fahrer. Dann muß man entweder ein Naturtalent sein, und die sind sehr dünn gesät, oder man muß das Fahren beherrschen.

Wenn ein Gespann nun doch einmal durchgeht, ja nicht nur an den Leinen ziehen, sondern immer wieder nachgeben und annehmen, jedoch so stark, daß der Zweck erreicht wird und die Bremse fest anziehen. Jeder Gespannführer muß sich darüber im Klaren sein, daß er für die Sicherheit seines Gespanns und damit auch für seine Passagiere verantwortlich ist. Diese Verantwortung nimmt ihm auch keine noch so hohe Versicherung, die evtl. für das Gespann abgeschlossen ist, ab.

Rund um den Wagen

Welchen Wagen?

Wagen mit denen man einspännig oder zweispännig auch auf Turnieren fahren kann (Auswahl)

Pirschwagen
leichter Jagdwagen
leichte Break
Spider Phaeton
Esterhazywagen (nur zweispännig)

Auf Turnieren sind sowohl im Einspänner als auch im Zweispänner luftbereifte Wagen gestattet.

Wagen zum Spazierenfahren oder für festliche Gelegenheiten

Viktoria
Coupe
Landauer
Dogcart (nur Einspänner)
Tilbury (nur Einspänner)
Buggy Gig

Landauer sind schwere Wagen, vor denen ich warnen möchte.

Wagen für Ponyfahrer

Ponywagen

Wenn man sich zum Kauf eines Wagens entschließt, ist es wichtig, daß man die Einzelteile genau untersucht, ob sie nicht brüchig oder morsch sind. Auch die **Polster** sind einer genauen Kontrolle zu unterziehen. Die **Federung** des Wagens muß noch voll elastisch sein. Falls der **Lack** des Wagens den Anforderungen nicht mehr entspricht, ist das nicht schlimm, denn er kann ohne weiteres neu lackiert werden, allerdings vermindert sich der Wert des Wagens entsprechend. Über die **Deichsellänge**, die beim Kauf eines Wagens ebenfalls beachtet werden muß, siehe Seite 105, 106. Im allgemeinen müssen Wagen, die schon jahrelang in einem verstaubten und vermoderten Raum gestanden haben, durch die zuständigen Fachkräfte wie Wagner, Schmied, Sattler, Maler wieder in Ordnung gebracht werden. Man scheue diese Auslagen nicht, denn sie machen sich auf die Dauer bezahlt.

Welchen Wagen man zum Fahren verwendet, kommt auf den Geschmack des Einzelnen und nicht zuletzt auf die Größe der Pferde an. Es ist ein Unding, zwei Ponys vor einen großen Jagdwagen oder vor ein großes Break zu spannen. Für Ponys muß man schon kleiner gebaute Wagen benützen, die ihrer Körpergröße entsprechen. Dadurch wird man auch dem geeignetsten Zurichtungswinkel von 10 bis 12 Grad sehr nahe kommen. Bei zu hoher Anspannung, die bei großen Wagen unvermeidlich ist, ist nicht zu umgehen, daß das Kumt oder Brustblatt gegen die Luftröhre drücken und dem Pferd das Atmen erschweren.

Für größere Pferde, worunter man nach unten in diesem Fall auch noch Haflinger, Norweger und Araber zählen kann, eignen sich vortrefflich Pirschwagen, leichte Jagdwagen, leichte Breaks, Esterhazywagen usw. Ein Wagen soll möglichst leicht laufen, damit wenig Kraft zur Fortbewegung gebraucht wird. Am leichtesten laufen kurze Wagen mit hohen Rädern, die zudem noch den Vorteil haben, daß der Bock hoch ist, so daß der Fahrer die Pferde und den Weg vor ihnen gut übersehen kann.

Bei der Größe der Wagen ist auch zu berücksichtigen, für wieviel Personen er gedacht ist. Für kleinere Pferde auf keinen Fall mehr als vier Personen einschließlich Fahrer.

Die **Zweispännerdeichsel** soll in Höhe des Oberarms der Pferde stehen (Abb. 44), das ist bei normal großen Pferden zwischen 0,90 und 1,10 m hoch. Die Länge der Deichsel richtet sich nach der Größe der Pferde und soll bei großen Pferden 3 m von der Deichselspitze bis

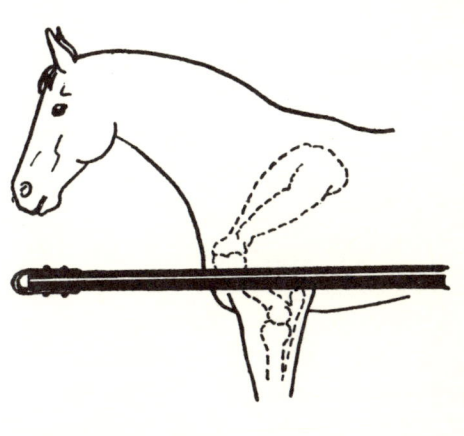

**Abbildung 44:
Richtige Deichselhöhe**

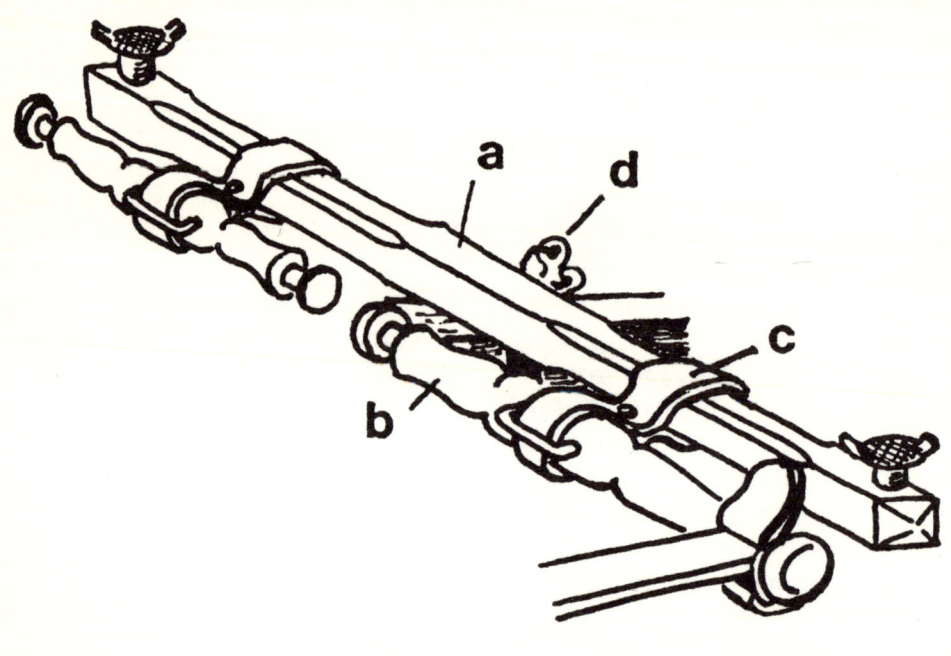

Abbildung 45:   Sprengwaage
a Waagbalken, b Ortscheide, c Lederschlaufen zur Ver-
bindung der Ortscheide mit dem Waagbalken, d Deichsel-
nagel

zum festen Waagbalken (Abb. 45), bei Anspannung an Spreng- oder Spielwaage sein. Bei zu langen Deichseln ist der Zwischenraum zwischen Pferden und Wagen viel zu groß, wenn man richtig angespannt hat, so daß Pferdenasen und Deichselspitze bei hingegebenen Leinen auf einer vertikalen Höhe stehen. Bei zu kurzen Deichseln jedoch, liegt die Gefahr nahe, daß der Wagen beim Aufhalten den Pferden in die Hinterbeine läuft und sie dadurch zum Durchgehen veranlaßt werden.

Als Anspannungsart dürfte der **Sprengwaage** mit beweglichen Ortsscheiten (Abb. 45) der Vorzug gegeben werden. Bei Kumtanspannung

kann allerdings auch an die feststehenden **Docken** (Abb. 46) angespannt werden, doch hat diese Anspannungsart den Nachteil, daß
nicht ganz zugfeste Pferde bei dieser starren Anspannung überhaupt
nicht mehr ziehen. Beim Brustblatt
darf unter keinen Umständen an
Docken angespannt werden, da sich
dabei die Pferde die Brust wund-
scheuern.

An vielen älteren Wagen wird die
Spielwaage (Abb. 47 und 48) vorhanden sein, die man bei Überland-
und Spazierfahrten ohne weiteres
verwenden kann, sie dabei sogar bei

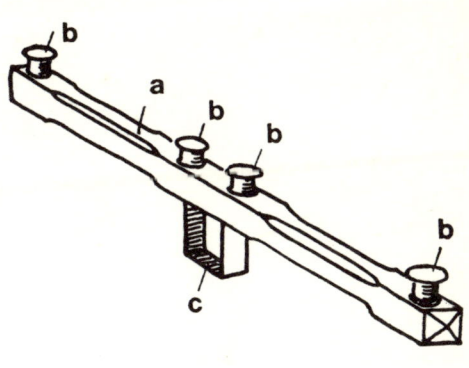

**Abbildung 46: Dockenanspannung
a Waagbalken, b Docken, c Deichselhalter**

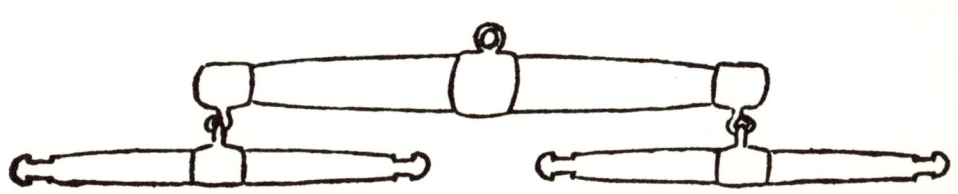

Abbildung 47: Leichte Spielwaage

Anfängern zu befürworten ist. Auf
Turnieren jedoch sollte sie durch
Festmachen zur Sprengwaage ge-
macht werden.

Jeder Kutschwagen sollte einen
Bock haben, damit der Fahrer

möglichst hoch sitzt und die Pferde und den Weg übersehen kann.
Auch ist dabei die Gefahr des Lei-
nenfangens mit dem Schweif viel
geringer. Die Bremse muß feststellbar und so angebracht sein,
daß sie der Fahrer, ohne seine Hal-

Abbildung 48: Schwere Spielwaage

tung zu sehr zu verändern, bequem bedienen kann. Fußbremsen sind sehr praktisch und empfehlenswert, jedoch muß der Wagen, wenn sie nicht feststellbar sind, mit einer weiteren, feststellbaren Bremse ausgestattet sein.

Zu jedem Wagen gehören zwei **Lampen** mit Kerzen. Auch eine elektrische Anlage, die durch eine Batterie gespeist wird, ist gut, zwei Rückstrahler gehören ebenfalls zum Wagen. Der Bock und die Polster, die zu jedem Kutschwagen

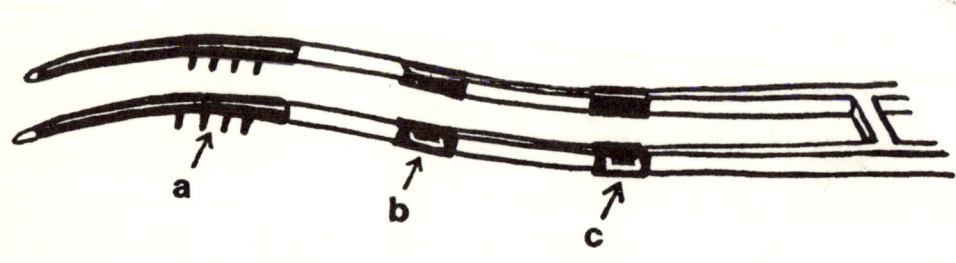

Abbildung 49: Korrekte Scheren für Einspänner
a Zapfen, zwischen denen die Trageösen einge-
hängt werden, b Öse für den Scherenriemen beim
Umgang, c Öse für den Schlagriemen

gehören, sollen in gutem Zustand sein.

Beim **Einspänner** sollen die **Scherbäume** nicht zu lang sein, sie dürfen nicht über die Schultern vorgehen und die Enden sollen leicht nach unten und nach außen gebogen sein, damit das Pferd in den Wendungen nicht an der Schulter behindert wird. Die Scheren dürfen nicht zu eng gestellt sein, damit sie nicht rechts und links an der Selette drücken, was vielfach der Fall ist. Dies gilt besonders für Zweiräderwagen, da sonst der Schnalldorn des Tragegurts nicht spielen kann. An den Scheren sollen sich rechts und links an der Stelle, wo die Scheren in die Trageösen eingehängt werden, mindestens drei feststehende, eiserne Zapfen (Abb. 49) befinden, damit man etwas weiter vorn oder weiter hinten einhängen kann. Die Öse für den Schlagriemen muß so angebracht sein, daß der Schlagriemen hinter der Hüfte des Pferdes liegt.

Fährt man mit Hintergeschirr, befindet sich die Öse zum Einschnallen der Umgangsstrippe etwas weiter vorn. Das Ortscheit sollte in jedem Fall in der Mitte beweglich sein, damit ein ruhiges Fahren gewährleistet ist.

Bei Zweiräderwagen muß die **Sitzbank** so angebracht sein, daß, wenn der Wagen beladen ist, der Schnalldorn des Tragegurts spielt, also das Gleichgewicht hergestellt ist, sonst hat das Pferd einen Teil der Last auf dem Rücken oder bekommt einen Druck vom Bauchgurt. Durch das Höher- oder Tiefereinschnallen der Trageösen in den Tragegurt kann das Gleichgewicht mehr oder weniger hergestellt werden. Zweiräderwagen sind übrigens auf Turnieren, ausgenommen im Tandem oder Random, nicht zugelassen. Auch der Zweiräderwagen sollte unbedingt mit einer Bremse versehen sein. In bergigem Gelände empfiehlt es sich, mit Umgang zu fahren.

Auch der Kutschwagen braucht Pflege

Der Wagen muß öfter gewaschen werden, noch bevor der Schmutz eingetrocknet ist. Keinesfalls darf man den Wagen mit einem Schlauch durch harten Strahl abspritzen, da sonst das Wasser in unzugängliche Ecken und Fugen eindringt, dort stehen bleibt und im Laufe der Zeit das Holz zum Faulen bringt. Das heißt jedoch nicht, daß man beim

Wagenwaschen das Wasser sparen soll. Ganz im Gegenteil. Mit viel Wasser absprühen und spülen. Mit einem weichen Schwamm und viel Wasser wird der Wagen gewaschen, wobei man für den Unterbau des Wagens einen besonderen Schwamm benötigt, da an den Rädern und am Drehkranz evtl. Öl oder Fett ausgetreten sein könnte und sei es auch nur ein Tropfen. Dasselbe gilt für das nachfolgende Abledern. Genauso wie beim Auto, soll man auch den Wagen nicht in der Sonne waschen, da dies dem Lack schadet.

Hat der Wagen ein Verdeck, Leder oder Segeltuch, soll man es bei Nässe oder starker Kälte nicht sofort zusammenklappen, es muß vorher trocken sein. Stoffpolster und Teppiche werden mit einer weichen Bürste mit dem Strich gebürstet und von Zeit zu Zeit ausgeklopft. Der Wagen soll in einem luftigen, trockenen Raum abgestellt werden. Die Deichsel gehört nach jedem Fahren herausgenommen und aufgehängt. Lederaufhalter sind gut zu pflegen. Ein schlechter Aufhalter ist genauso gefährlich wie eine schlechte Leine, er kann bei einem Bruch Pferde und Passagiere in Lebensgefahr bringen.

Von besonderer Wichtigkeit ist das **Schmieren** der Räder und des Drehkranzes. Da der Drehkranz vermehrt dem Staub und Schmutz ausgesetzt ist, muß er immer sauber gemacht und geölt werden. Ein trockener, verschmutzter Drehkranz ist für Pferde und Fahrer eine Qual, deshalb vor jedem Gebrauch Drehkranz nachsehen und evtl. mit einem Tropfen Öl nachhelfen. Gut bewährt hat sich auch Schmierseife zum Schmieren des Drehkranzes, da sich dieselbe beim späteren Waschen sehr vorteilhaft auswirkt und dem Lack nicht schadet.

Die allermeisten Wagen in Deutschland haben **Patentachsen**, sofern es sich nicht um Original englische Wagen handelt. Jeder Fahrer muß sich die Kenntnisse aneignen, um die Räder seines Wagens selbst schmieren zu können. Zuerst wird die Staubkapsel des linken Vorderrades abgenommen und gesäubert. Dann wird der Wagenheber für dieses Rad an der Achse angesetzt und der Wagen gehoben. Nicht in der Mitte ansetzen, da in der Mitte die schwächste Stelle der Achse ist. Dann wird der Splint herausgenommen, mit einem sauberen Tuch oder Putzwolle sauber gemacht und auf ein sauberes Stück Papier, niemals auf den Wagen, gelegt. Nun werden die beiden Muttern, die eine mit einem Links-, die andere mit einem Rechtsgewinde, abgeschraubt, saubergemacht und zu dem Splint gelegt. Jetzt wird das Rad vorsichtig abgenommen und mit einem Finger der Konus, auch Stellschraube genannt, aus der Radbüchse herausgeholt, sauber gemacht und zu den anderen Gegenständen auf das Papier gelegt. Das Rad wird jetzt irgendwo angelehnt und nun wird zuerst der Achsschenkel mit der in der Mitte längs verlaufenden Ölnute saubergemacht und die Lederscheibe kontrolliert, ob sie noch intakt, vor allem dick genug ist, andernfalls läuft erstens das Öl hinten an der Stoßscheibe heraus und zweitens kann das Rad nicht festgestellt werden. Bei Bedarf wird die Lederscheibe erneuert. Nun wird die Radbüchse mit der Ölkammer ebenfalls tadellos sauber gemacht. Dies gilt vor allem für die Ölkammer in der sich immer noch etwas altes, verbrauchtes Öl befindet. Wenn nun alles tadellos sauber ist, gibt man Knochen- oder Rizinusöl in die Ölkammer und auf den Achsschenkel und schiebt das Rad vorsichtig wieder auf den Achsschenkel, steckt den Konus (Stellschraube) so auf den Achsschenkel, daß die Ebene auf dem Konus und die Ebene auf dem Achsschenkel zusammenkommen,

so daß sich der Konus nicht drehen kann. Hierauf wird zuerst die größere der beiden Muttern so weit festgeschraubt, daß das Rad nur so viel Spielraum hat, daß es selbst ausläuft. Dann wird die Gegenmutter eingeschraubt, fest angezogen und nochmals das Auslaufen des Rades nachgeprüft. Anschließend wird der Splint eingesteckt. Dann gießt man etwas Öl in die Kapsel und schraubt sie fest in die Büchse, nachdem man sich vergewissert hat, daß die Lederscheibe an der Staubkapsel noch dick genug und gut ist, andernfalls muß sie vorher ausgewechselt werden. Einige Ersatzlederscheiben, die jeder Sattler anfertigt, sollte man immer zur Hand haben. Jetzt wird der Wagenheber weggenommen, und nun wird als Letztes die Staubkapsel nochmals fest nachgezogen.

Man darf dieses Nachziehen nie vergessen, will man nicht Gefahr laufen, die Kapsel zu verlieren. Anschließend wird das linke, dann das rechte Hinterrad und zuletzt das rechte Vorderrad geschmiert. Diese Reihenfolge hat den Vorteil, daß, wenn man beim Schmieren gestört und unterbrochen wird, kein Rad vergißt. Will man prüfen, ob die Räder geschmiert werden sollen, so nehme man ein Vorderrad ab, da sich die kleineren Vorderräder öfter als die Hinterräder drehen und deshalb früher trocken werden. Man kaufe nie einen Wagen, ohne sich vorher über den Zustand der Räder und Achsen informiert zu haben. Auch dem Drehkranz muß beim Kauf Beachtung geschenkt werden, ob der obere und untere Teil des Drehkranzes noch aufeinander liegen, damit die Deichsel auf der richtigen Höhe steht.

Drei Anspannungsarten

Beim Fahren wird im allgemeinen entweder die Spreng- oder die Spielwaage verwendet.

Die **Sprengwaage** (Abb. 50) ist mit ihrem Waagbalken starr mit dem Wagen verbunden und hat bewegliche Ortsscheite, während die Spielwaage (Abb. 50) in der Mitte des Waagbalkens am Wagen so angebracht ist, daß sie rechts und links vor- und rückwärts kann, also spielt. Die Ortscheite, auch Schwengel genannt, sind ebenfalls gegenüber dem Waagbalken beweglich. Jede dieser Anspannungsarten hat ihre Berechtigung. Zum Einfahren

junger Pferde, zum korrekten Fahren und beim Geigen der Pferde ist unbedingt die Sprengwaage erforderlich. In der Landwirtschaft und auch bei nicht routinierten Fahrern ist der **Spielwaage** der Vorzug zu geben, da der Zug dabei gleichmäßig auf beide Pferde verteilt ist. Auch durch die oftmals sehr schlechten, unebenen Feldwege würden die Pferde beim Ziehen an der festen Sprengwaage dauernd Stöße auf die Brust bekommen. Die Spielwaage wirkt hier zum großen Teil ausgleichend. Auch kann an vielen landwirtschaftlichen Geräten gar keine Sprengwaage angebracht werden. Man muß bei der Spielwaage nur berücksichtigen, daß die Wendungen früher eingeleitet werden müssen als bei der Sprengwaage, da das äußere Pferd durch sein vermehrtes Ziehen der Deichsel nicht den gewünschten Einschlag in die neue Richtung bringt, sondern die Deichsel mit der Schulter in die neue Richtung drücken muß.

Zum korrekten Fahren ist jedoch die Sprengwaage unentbehrlich. Nur mit fester Anspannung läßt sich zentimetergenau fahren.

Man kennt noch eine dritte Anspannungsart, die sogenannte „Docken-

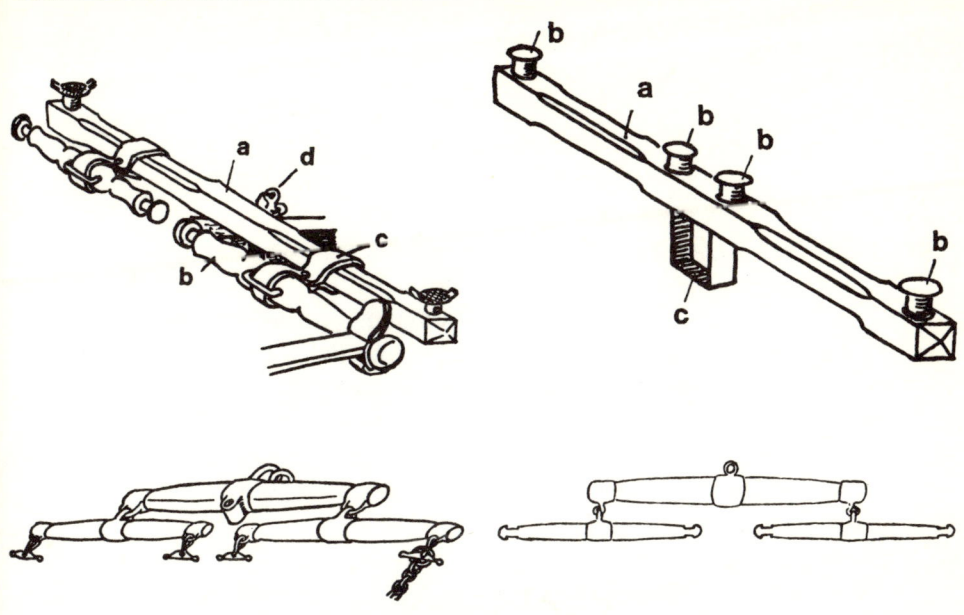

Abbildung 50: Die drei Anspannungsarten

links oben: Sprengwaage, a Waagbalken, b Ortscheite, c Lederschlaufen
rechts oben: Dockanspannung, a Waagbalken, b Docken, c Deichselhalter
links unten: Schwere Spielwaage
rechts unten: Leichte Spielwaage

anspannung" (Abb. 50). Sie ist völlig starr. Die Ortscheite fehlen, die Stränge werden über die Docken gestreift und festgemacht. Über die Nachteile dieser Anspannung habe ich schon einmal gesprochen. Diese Dockenanspannung kennt man nur bei Kutschwagen und nur in Kumtanspannung. Keinesfalls darf diese Dockenanspannung bei Sielengeschirren verwendet werden, da sonst die Brust des Pferdes wundgescheuert wird.

Die Ausfahrt kann beginnen?

Ein- und Zweispännig

Der Hobbyfahrer wird wahrscheinlich sehr viel einspännig fahren, ob nun mit dem Zwei- oder Vierräderwagen. Es kommt auch ganz darauf an, wieviel Passagiere man mitnehmen will und nicht zu vergessen, auf die Größe und Stärke des Pferdes. Auf einem Zweiräderwagen (Einachser) mit Luftbereifung haben im allgemeinen zwei Personen bequem Platz, die von einem Shetlandpony über Berg und Tag gezogen werden. Will man jedoch mehrere Personen auf der Spazierfahrt mitnehmen, dann braucht man einen Vierräderwagen (Zweiachser), der für Ponys nicht zu schwer sein sollte und zwei Pferde.

Tages- und Überlandfahrten

Oftmals wird man auch das Verlangen haben, mit seinem Gespann eine längere Fahrt, die z.B. im Urlaub bis zu 14 Tagen oder länger gehen kann, zu machen. Diese Fahrten sind sehr interessant und können viel Freude machen, u.a. auch deswegen, weil wir mit unseren Pferden den ganzen Tag zusammen sind, was sonst höchstens mal sonntags vorkommt.

Für eine solche Fahrt sind bestimmte Vorbereitungen notwendig. Handelt es sich nur um eine Tagesfahrt, bei der wir abends wieder in den heimatlichen Stall zurückkommen, sind diese Vorbereitungen nicht so umfangreich wie zu mehrtägigen Ausfahrten. Auf alle Fälle sind jedoch der Beschlag, das Geschirr und der Wagen auf ihren Zustand nachzusehen.

Muß das Pferd neu **beschlagen** werden, soll man es mindestens sechs bis acht Tage vor der Fahrt beschlagen lassen, nicht erst einen Tag vorher, da manche Pferde nach dem Beschlagen einige Tage klamm (leicht lahm) gehen. Ist dies der Fall, schlägt man die Hufsohle mit dickem Lehmbrei, dem etwas Essig oder essigsaure Tonerde beigemischt ist, ein. Dieser Einschlag darf jedoch nie trocken werden, sondern muß vorher entfernt und wieder erneuert werden, so lange, bis das Pferd klar geht. Auch ein dicker Brei aus gekochten Leinsamen tut diese Dienste, falls kein Lehm zur Verfügung steht.

Geschirr und **Leinen** sind vorher genau durchzusehen, ob noch alles in Ordnung ist, nicht daß man während der Fahrt eine Reparatur vornehmen lassen muß, die schon vorher fällig gewesen wäre, zumal es sehr unsicher ist, überall einen Sattler zu finden. Daß das Geschirr gut gepflegt, weich und sauber und gut verpaßt ist, ist eine Selbstverständlichkeit.

Der **Wagen** sollte frisch geschmiert (Scheibenkranz nicht vergessen! und ebenfalls sauber gewaschen und mit guten Aufhaltern versehen sein. Zwei Lampen mit Kerzen einschließlich Ersatz und zwei Rückstrahler gehören zur Ausrüstung des Wagens und sind unbedingt mitzunehmen, da man mal in der Dämmerung oder gar bei Nacht fahren muß. Die Lampen müssen so angebracht sein, daß ihr Licht die äußere Breite des Fahrzeuges begrenzt. Das Licht der beiden Lampen muß nach vorn, nach seitwärts und nach rückwärts scheinen. Falls nach rückwärts kein Glas in der Lampe ist, ist ein rotes Schlußlicht mitzuführen. Die Bremsklötze müssen noch in einem solchen Zustand sein, daß sie den Wagen beim Bremsen aufhalten und zum Stehen bringen. Als Bremsklötze eignet sich am besten Weichholz. Hartholz schreit in jedem Fall, was sehr unangenehm ist. Vor Bremsklötzen aus Hartgummi oder Holzklötze mit Gummi zu beschlagen, ist dringend abzuraten, da bei Nässe solche Bremsklötze überhaupt nicht halten und damit den Wagen nicht abbremsen können. Auch muß der Radschlüssel unbedingt im Bockkasten sein.

Leider sind wir mit dem Wagen gezwungen, uns an Straßen und Wege zu halten. Stark befahrene Autostraßen sind zu meiden, sonst dürfte die Fahrt keine Erholung sein. Es gibt auch heute noch sogenannte „Verbindungswege'' zwischen den Ortschaften, die nicht so stark von den Autos befahren sind. Deshalb ist es notwendig, die Strecke vorher auszusuchen und festzulegen. Das kann entweder auf einer guten Karte oder mit dem Auto geschehen. Ebenfalls sollte man **Rastplätze**, an denen gefüttert und getränkt wird, festlegen. **Futter** nimmt man für einen Tag am besten mit, d.h. Heu und Stroh kann man im allgemeinen auf Bauernhöfen überall bekommen, doch ist es gut, wenn man vorher schon weiß, wo man es holen kann. Preßbriketts sind zum Mitnehmen sehr geeignet. Auch ist es gut, eine **Unterstellmöglichkeit** zu haben, für den Fall, daß es einmal regnet, damit man die Pferde nicht unnütz im Regen und Wind stehen lassen muß. Vor jeder Rast bzw. vor jedem Einrücken in den Stall ist ein bis eineinhalb km Schritt zu fahren, damit verschwitzte Pferde bis zum Halt trocken sind. Falls es nicht gerade warm ist, sind die Pferde einzudecken. Dies gilt auch in kalten Ställen. Gleichfalls sind die Pferde bei einer Rast auf Geschirrdruck und Streichwunden, die Hufe auf eingetretene Fremdkörper, lockere Eisen und verlorene Nägel und Stollen nachzusehen. Dies darf bei keiner Rast versäumt werden.

Mitnehmen sollte man für jedes Pferd ein Stallhalfter mit Anbinderiemen, um die Pferde bei einer Rast anbinden zu können, einen Reservestrang, einen Reserveaufhalter, ein Reserveortscheit, mindestens zwei Stricke, ein größeres Stück Bindfaden (Schnur), ein Taschenmesser, zwei Eimer zum Tränken und ggf. zum Füttern, falls keine Futterkrippe vorhanden ist. Selbstverständlich können auch Freßbeutel statt der Eimer mitgenommen werden. Falls man in bergiges Gelände kommt ist die Mitnahme von einem Hemmschuh mit Isoliereinlage zu empfehlen. Dabei muß die Vorrichtung zum Einhaken des Hemmschuhs am Wagen vorhanden sein.

Regenmantel und Wolljacke sollten nicht vergessen werden, daneben Putzzeug, um nach der Pause naßgeschwitzte Pferde abbürsten zu können, da der eingetrocknete Schweiß sehr scharf ist und zu Druckstellen führt. Auch ein Fläschchen Jodtinktur und eine Streichkappe sollten nicht fehlen, da sich manche Pferde bei längeren Strecken streichen. Für den Scheibenkranz eine kleine Ölkanne oder Schmierseife und nicht zu vergessen für jedes Pferd eine Decke. Mit diesen Utensilien und Vorbereitungen wird man bei einer Tagesfahrt auskommen.

Was kann man dem Pferd zumuten

Aber auch für eine solche Tagesfahrt von vielleicht 40 bis 50 km ist Voraussetzung, daß die Pferde trainiert sind. Nur mit trainierten Pferden wird man Freude an einer längeren Ausfahrt haben. Auch sollten die Pferde für solche Fahrten mindestens vier Jahre alt sein, besser noch älter, damit sie den Anstrengungen einer solchen Fahrt auch gewachsen sind. Da ein Pferd bekanntlich erst mit fünf Jahren abgezahnt hat und damit ausgewachsen ist, bei manchen dauert das Wachstum noch länger, sind die Pferde erst in diesem Alter voll leistungsfähig. Ein früherer Einsatz zu solchen Fahrten wird immer nachteilige Folgen haben. Bei warmem Wetter empfiehlt es sich, mehrmals am Tag zu tränken. Da man Tränkeimer dabei hat, macht das keine große Mühe. Falls die Pferde dabei etwas naß geschwitzt sind, läßt man beim Tränken die Gebisse im Maul und fährt nach dem Tränken sofort im Schritt weiter. Andernfalls muß man mit dem Tränken warten, bis die Pferde abgeschwitzt haben und sich die Atmung beruhigt hat. Bergauf und bergab fährt man Schritt. Die einzelnen Trabstrecken können je nach Konstitution und Rasse der Pferde bis zu 5 km betragen. Der Fahrer muß beachten, daß während des Haarwechsels die Pferde nicht voll leistungsfähig sind. Auch ist den Pferden einige Male Gelegenheit zum Stallen zu geben, indem man sie dabei auf weichen Boden stellt, sie stallen dann lieber. Falls ein Pferd nicht stallt — es gibt welche, die im Freien nicht stallen — und Anzeichen von Kolik zeigt, muß man ausspannen und das Pferd in einen Stall oder Raum stellen, sehr viel Stroh unter das Pferd legen und einen Wasserhahn laufen lassen, daß es leise plätschert. Das hilft in den meisten Fällen.

Mehrere Tage unterwegs

Will man jedoch eine Tour über mehrere Tage machen, kommen zu den schon besprochenen Vorbereitungen noch einige weitere hinzu. Auf alle Fälle sollte die Strecke in groben Zügen festliegen. Die Tagesstrecken sind nach dem Gelände und den vorhandenen Wegen und Straßen festzulegen und können sehr variabel sein. In ebenem Gelände und guten Straßen, wobei ich vor allem an Schotter- und Sandstraßen denke, können bis zu 70 km am Tag zurückgelegt werden. Dabei ist jedoch zu empfehlen, daß dazwischen immer wieder ein Ruhetag oder ein Tag mit einer kurzen Strecke von 10 bis 15 km eingelegt wird.

Sommers fährt man morgens frühzeitig weg, damit man mittags über die heißeste Zeit des Tages und der stärksten Fliegenplage eine längere Rast einlegen kann und abends kann man bei Bedarf bis zum Dunkelwerden fahren. Falls man Gelegenheit hat, stellt man die Pferde über Mittag in einen Stall, eine Scheune oder einen Schuppen und schirrt sie ab. Andernfalls stellt man sie an einen ruhigen Ort in den Schatten und nimmt ebenfalls das Geschirr ab und wäscht mit klarem Wasser und Schwamm diejenigen Stellen ab, die auf dem Pferd liegen. Auch sollten Brüste und bei Kumten Schultern und Kammdeckellagen mit kaltem Wasser abgewaschen werden, dasselbe auch abends beim Einrücken in die Unterkunft. Falls man Gelegenheit hat, stellt man die Pferde etwa 15 bis 20 Minuten in fließendes Wasser. Es ist das beste Mittel für die Beine und tut den Pferden unendlich gut.

Bei Rastpausen im Wald muß man auf giftige Pflanzen und Bäume achten. Akazie, Tuya und Eibe sind sehr giftig und wenn das Pferd davon frißt, bekommt es unweigerlich Kolik.

Abends vor dem Einrücken in die Unterkunft sollte man in der vorhergehenden Ortschaft tränken, die Pferde fressen dann sofort nach dem Einrücken. Es ist bei einer solchen Fahrt von allergrößter Wichtigkeit, daß die Pferde Wasser und Futter in der zu Hause gewohnten Weise annehmen, da sie sonst den Anforderungen nicht gewachsen sind. Der Fahrer muß genau darauf achten. Verweigert ein Pferd das Futter, so stellt man einen sogenannten „Mash" her, indem man 1/4 kg Leinsamen und einen Eßlöffel Salz in zwei Liter Wasser kocht, bis der Leinsamen weich ist. In diese schleimige Flüssigkeit gibt man 1 kg gequetschten Hafer und mischt alles gut durcheinander. Darüber streut man 1 kg gute Weizenkleie und deckt das Ganze zu und läßt es stehen, bis es abgekühlt ist. Erst dann wird es dem Pferd gegeben. Das ist übrigens auch ein gutes Mittel, erschöpfte Pferde wieder auf die Höhe zu bringen.

Im Quartier angekommen, wird zuerst die Unterkunft nachgesehen. Falls Krippen da sind, müssen sie auf ihre Sauberkeit geprüft werden, die Wände auf hervorstehende Nägel, die Anbindemöglichkeiten auf Festigkeit, der Boden auf Durchbruchsicherheit und Fremdkörper in der Streue. In Scheunen und Schuppen müssen alle herumhängenden und -stehenden Gegenstände entfernt werden, damit sie die Pferde, auch wenn sie mal los werden sollten, nicht erreichen und sich daran verletzen können.

In Scheunen und Schuppen sollte man Flankierbäume zwischen den Pferden anbringen, damit sie sich nicht gegenseitig schlagen können. Bei dem Hobbyfahrer wird es ja so sein, daß sich die Pferde gegenseitig kennen und deshalb die Gefahr nicht so groß ist, jedoch ist Vorsicht immer am Platze. Pferde sind unberechenbar. Ich habe mit ihnen schon die tollsten Dinge erlebt.

Man achte darauf, daß man trockene Pferde in den Stall bringt. Sind die Pferde jedoch einmal doch naß geschwitzt oder regennaß, werden sie mit Stroh trocken gerieben. Auch ist es eine Wohltat für die Pferde, wenn man ihnen nach dem Einrücken neben den schon genannten Körperteilen Gesicht, After und Geschlechtsteile mit kaltem Wasser abwäscht.

Neben den schon beschriebenen Dingen müssen zu einer solchen Fahrt noch mitgenommen werden: Ein Schwamm, eine Sattelseife, damit das Geschirr sauber gehalten werden kann, denn man fährt mit keinem schmutzigem Geschirr im Lande herum, eine Hufwaschbürste, Huffett, eine kleine Stallaterne, etwas Azetat und essigsaure Tonerde für dicke Sehnen und Geschirrdruck. Denken wir bei dicken und warmen Sehnen daran, die Pferde

in fließendes Wasser zu stellen, falls Gelegenheit dazu gegeben ist. Im übrigen sollte man nach solchen anstrengenden Fahrten die Pferdebeine mit kaltem Wasser abwaschen oder abspritzen, nur die Beine, nicht das ganze Pferd. Ein gutes Wundpuder und einige elastische Binden sowie zwei Ersatzeisen (ein Vordereisen und ein Hintereisen), Hufnägel, dazu einen Beschlaghammer und eine Zwickzange sollten nicht fehlen. Ebenfalls sollte man 1 kg Leinsamen, 3 bis 4 kg Weizenkleie und 1/4 kg Salz für die Zubereitung eines Mash mitnehmen, den man ggf. nötig braucht.

Bei einer solchen Fahrt dürfen natürlich die Dinge für den persönlichen Gebrauch sowie Leibwäsche nicht vergessen werden. Man muß damit rechnen, daß man auch mal tüchtig eingeweicht wird und sich nachher umziehen muß.

Alle diese Utensilien kann man mehr oder weniger im Bockkasten verstauen, der mit Papier oder Stoff ausgeschlagen wird, damit alles sauber bleibt. Man glaubt gar nicht, was in einen solchen Bockkasten alles reingeht, wenn man es richtig verstaut. An vielen Jagd- und Pirschwagen ist heute noch ein Gepäckträger angebracht, auf dem man einen Koffer oder eine Kiste oder ähnlches aufschnallen kann. Allerdings sollten dann diese Dinge wasserdicht abgedeckt sein, sonst kann man bei Regen unliebsame Überraschungen erleben.

Das Tempo

Das Tempo auf einer solchen Fahrt ist ein ruhiger Gebrauchstrab mit einer Geschwindigkeit von 12 bis 14 km in der Stunde. Wie ich schon erwähnte, können die einzelnen Trabstrecken bis zu 5 km betragen, dazwischen muß man immer wieder Schrittstrecken einlegen, in denen man den Pferden Gelegenheit gibt, sich zu strecken. Bergab sollen jedoch die Pferde grundsätzlich am Zügel gehen, um ein Stolpern und damit Fallen zu vermeiden. Auf langen Strecken spannt man nicht zu kurz ein. Die Aufhalter dürfen dabei um ein Loch länger sein als allgemein, jedoch muß man darauf achten, daß sie nicht zu lang sind und dadurch der nachrollende Wagen den Pferden an die Hinterhand kommt und sie zum Durchgehen veranlaßt.

Bei Lahmheiten und Krankheiten bitte ich, die dafür bestimmten Kapitel zu beachten und in ernsteren Fällen den Tierarzt zu rufen.

Man kann den Pferden auf einer solchen Fahrt ihre Arbeit sehr erleichtern und sie schonen, indem die Passagiere, besonders bergauf, auch mal absteigen und laufen. Dies tut beiden Seiten, Menschen und Pferden, gut und man freut sich anschließend doppelt über das angenehme Gefühl, gefahren zu werden.

Wenn man alle diese Dinge beachtet, wird eine solche Fahrt jedem der Beteiligten zu einem Erlebnis werden, das man nur mit einem der ältesten und treuesten Gefährten des Menschen, dem Pferd, haben kann[1].

Fahren im Straßenverkehr

Jeder Fahrer, der mit seinem Gespann in den Verkehr kommt, muß sich der Straßenverkehrsord-

---

[1] In diesem Zusammenhang darf ich für dieses Kapitel auf das ausgezeichnete Buch von Herta-Luise Jung: „Mit den Pferden wandern", erschienen im Hadlaub-Verlag, Winterthur, hinweisen, das zwar speziell für Reiter geschrieben ist, jedoch auch für den Fahrer wichtige Hinweise gibt, die ihm von großem Nutzen sein können.

nung unterordnen. Da wir heutzutage zum großen Teil Inhaber eines Führerscheines für ein Kraftfahrzeug sind, macht das keine große Mühe. Bei der Prüfung für diesen Führerschein haben wir gelernt, daß man grundsätzlich die rechte Straßenseite benützen, rechts ausweichen und links überholen, die Verkehrszeichen der anderen Verkehrsteilnehmer beachten und selbst welche geben muß. Beim Abwenden nach links strecken wir den linken Arm unter mehrmaligem Anwinkeln des Unterarms nach links und schauen uns um, ob unser Zeichen verstanden worden ist. Dasselbe gilt nach rechts mit dem rechten Arm. Zum Durchparieren heben wir den rechten Arm senkrecht nach oben und sehen uns ebenfalls um. Dieses Umsehen ist genau so wichtig wie das Verkehrszeichen selbst, denn wir wissen als Autofahrer, daß bei einem Richtungswechsel zuerst der Blick in den Rückspiegel erfolgen muß und erst dann das Verkehrszeichen, also der Blinker betätigt werden darf.

In einer Kreuzung, auf der linken Straßenseite, mit Ausnahme einer Einbahnstraße, vor Einfahrten, an Straßenbahn- und Omnibushaltestellen, auf Brücken, an einer unübersichtlichen Stelle, in einer Kurve, dürfen auch wir mit unserem Pferdegespann nicht halten. Dasselbe gilt für solche Stellen, die mit einer Halteverbotstafel gekennzeichnet sind. Beim Parken muß man die Parkverbotstafeln beachten. Wenn man parkt, d.h. sein Gespann irgendwo hinstellt, um etwas zu erledigen, muß das Gespann durch Festmachen der Leine in der Mitte des Wagens, ja nicht seitlich, da durch ein Herumtreten der Pferde nach der entgegengesetzten Seite die Leinen zu kurz werden und die Pferde den Wagen unweigerlich nach rückwärts über den Haufen werfen, gesichert werden. Die Pferde müssen mit dem Innenstrang abgesträngt werden und der Wagen muß gut angebremst sein. Pferde, die gerne beißen, müssen bei dieser Gelegenheit einen Maulkorb tragen und Pferde die gerne schlagen, dürfen nicht unbeaufsichtigt stehen gelassen werden.

Grundsätzlich hat der von rechts Kommende Vorfahrt, mit Ausnahme der Benützer übergeordneter Straßen, die alle, ob von rechts oder links kommend, Vorfahrt haben. Der Übergang in eine solche übergeordnete Straße ist durch ein Verkehrsschild, ein auf die Spitze gestelltes, weißes, rot umrandetes Dreieck, gekennzeichnet. Anhalten muß man an jeder Stoppstelle, an Straßenbahn- und Omnibushaltestellen, wenn gerade Passagiere ein- oder aussteigen. Ferner wenn Gefahr besteht, Menschen oder Tiere zu überfahren und wenn es einem schneller fahrenden Fahrzeug anders nicht möglich ist, zu überholen. Dazu braucht man Pferde, die gelernt haben, ruhig zu stehen, bis man sie zum Weitergehen auffordert. Pferde, die das nicht tun, bedeuten eine Gefahr im Verkehr. Der Wagen muß in verkehrssicherem Zustand sein, gute Bremse, gute Deichsel und gute Aufhalter haben. An der Rückseite des Wagens müssen zwei Rückstrahler angebracht sein. Nachts muß das Fahrzeug durch zwei Laternen so beleuchtet sein, daß der Lichtschein nach vorn, seitlich und hinten dringt und die seitliche Begrenzung des Wagens festgelegt wird (siehe auch Seite 115). Die Ladung muß sich in verkehrssicherem Zustand befinden. Der Fahrer ist in jedem Fall für die Ladung verantwortlich, auch wenn er den Wagen nicht selber beladen oder das Beladen nicht beaufsichtigt hat.

Die Pferde sollen verkehrssicher, d.h. scheufrei sein. Das ängstliche Pferd spannt man immer rechts, auch wenn es kleiner ist. In diesem Fall muß man das Negative des Aussehens in Kauf nehmen. Im allgemeinen spannt man das kleinere und leichtere Pferd links, da die Straßen etwas gewölbt sind und so das rechte Pferd, vor allem wenn man scharf rechts fahren muß, tiefer steht. Damit sind die beiden Pferde gleich groß. Auch muß das rechte Pferd nach dem Ausweichen, vor allem auf Straßen und Wegen, den Wagen immer wieder etwas nach links bringen und deshalb spannt man das größere und stärkere Pferd rechts. Im Straßenverkehr muß laut Gesetz mit Kreuzleine gefahren werden. Der Beschlag soll mit einem guten Gleitschutz versehen sein, damit die Pferde auf den glatten Straßen nicht ausrutschen und fallen und damit den Verkehr behindern. Auf glatten, ebenen Asphaltstraßen ist es vorteilhaft, die Bremse immer leicht angezogen zu haben, und zwar so stark, daß die Stränge ganz leicht anstehen, damit die Pferde den Wagen nicht dauernd aufhalten müssen und deshalb ein ruhiges Geradeausfahren nicht möglich ist. Gerade an diesem Geradeausfahren erkennt man den sicheren, ruhigen und denkenden Fahrer und nur der wird im Verkehr allen vorkommenden Situationen gewachsen sein.

Hobbyfahrer auf dem Turnier

Durch die „Neuordnung im Turniersport" ist dem Hobbyfahrer Gelegenheit gegeben, mit seinem Gespann an Fahrwettbewerben bei einem Turnier in Kategorie C teilzunehmen, ohne daß seine Pferde bei der zuständigen Landeskommission (L.K.) oder der Deutschen Reiterlichen Vereinigung (FN) eingetragen sind und er selbst Mitglied ist. Hat er mit seinem Gespann Erfolg, so kann er seine Pferde bei der zuständigen L.K. eintragen lassen und selbst einem Reit- und Fahrverein beitreten, um später auf einem Kategorie-B-Turnier starten zu können, falls ihm das Fahren auf Turnieren Spaß macht. Voraussetzung zur Teilnahme auf einem B-Turnier ist jedoch der Besitz eines Fahrausweises, welcher durch den Besitz des Deutschen Fahrerabzeichens in Bronze oder Silber erworben werden kann. In dieser neugeschaffenen Kategorie C werden Ein-, Zwei- und Mehrspännerprüfungen als Fahrwettbewerb, Fahrerprüfungen, Geschicklichkeitsfahren, Orientierungsfahrten, Sternfahrten usw. durchgeführt, bei denen alle dreijährigen und älteren Pferde, einschließlich Ponys, teilnahmeberechtigt sind. Damit ist dem Freizeitfahrer ein weites Betätigungsfeld auf diesem Sektor erschlossen, das ihm bestimmt viel Freude machen wird.

Das Deutsche Jugendfahrerabzeichen und das Deutsche Fahrerabzeichen

Um dem Fahrer, auch dem Hobbyfahrer, einen Anreiz zu geben, sein Können und Wissen immer mehr zu vertiefen und damit sich und seinen Pferden die Freude am Fahren zu vergrößern, wurden diese beiden Fahrerabzeichen geschaffen. So mancher Fahrer, hier vor allem die Jugend, möchte ihr Können unter Beweis stellen und dies durch anerkannte Fachleute bei einer Prüfung bestätigen lassen. Sie möchten wissen, wie weit ihre Fahrkünste reichen.

Bei dieser Prüfung soll der Fahrer nicht nur sein Gespann vorstellen, sondern er soll auch über Pflege und Haltung, Geschirrlehre, Fütterung usw. Bescheid wissen, kurz über all diese Dinge, die auf den vorhergehenden Seiten dieses Buches behandelt wurden.

Das Fahrerabzeichen kann sowohl von Jugendlichen als auch von Erwachsenen erworben werden. Die Anforderungen sind etwas verschieden, decken sich jedoch im wesentlichen.

Das Deutsche Jugend-
fahrerabzeichen

(Auszug aus dem Urkundenheft der Deutschen Reiterlichen Vereinigung, FN)

„Das Deutsche Jugend-Fahrerabzeichen hat den Zweck, dem Inhaber sichtbar zu bestätigen, daß er mit Pferden umzugehen versteht und über ein bestimmtes Maß von Können und Wissen im Fahren verfügt. Das Abzeichen soll eine öffentliche Anerkennung sein und zu weiteren Leistungen im Fahren und im Umgang mit Pferden anspornen.''

Das Deutsche Jugend-Fahrerabzeichen wird in zwei Klassen vergeben mit Ansteckenadel und einer

Urkunde, in der dem Betreffenden (der Betreffenden) der Besitz des Abzeichens durch die Deutsche Reiterliche Vereinigung bescheinigt wird.

Das Deutsche Jugend-Fahrerabzeichen kann von allen unbescholtenen Junioren erworben werden, die im laufenden Kalenderjahr noch nicht siebzehn Jahre alt werden.

Das Deutsche Jugend-Fahrerabzeichen kann nur auf Grund von **Sonderprüfungen** erworben werden.

Anforderungen für das Deutsche Jugendfahrerabzeichen Klasse III in Bronze:

Praktisches Fahren; richtiges Auf- und Absteigen mit vorschriftsmäßigem Abmessen der Leinen und Leinenverschnallung bei Zweispännern. Fahren und Beherrschung eines Zweispänners im Schritt und Trab mit vorschriftsmäßiger Leinen- und Peitschenführung geradeaus, in Wendungen auf einem Platz und im Verkehr gem. § 715 der LPO. Auf Verlangen der Richter Pferde- bzw. Gespannwechsel.

Anforderungen für das Deutsche Jugendfahrerabzeichen Klasse II in Silber:

Anforderungen wie für das DJFA in Bronze. Zusätzlich Fahren einer Dressurprüfung für Zweispänner gemäß Aufgabenheft zur LPO und § 715. Auf Verlangen der Richter Pferde- bzw. Gespannwechsel.

Anforderungen für das Deutsche Fahrerabzeichen Klasse III in Bronze:

Anforderungen sinngemäß wie für das DJFA in Bronze, zusätzlich Fahren einer Fahrerprüfung gemäß Aufgabenheft zur LPO und § 715.

Theoretische Prüfung für alle drei obigen Klassen.

Anforderungen entsprechend der jeweiligen Klasse. Jeder Bewerber ist in allen drei Fächern zu prüfen.

1. Kenntnisse im sachgemäßen Aufschirren und Anspannen, Ausspannen und Abschirren eines Ein- und Zweispänners.
2. Kenntnisse auf dem Gebiet der Fahrlehre (insbesondere des „Achenbach'schen Fahrsystems"

der Pferdehaltung sowie des Leistungsprüfungswesens.
3. Grundkenntnisse des Tierschutzgesetzes und Verhaltens beim Fahren in Feld, Wald und auf Straßen.

Mindestwertnote in allen Teilprüfungen für diese drei Klassen 5,0.

Das Deutsche Fahrer-Abzeichen

(Auszug aus dem Urkundenheft der Deutschen Reiterlichen Vereinigung, FN)

„Das Deutsche Fahrerabzeichen hat den Zweck, dem Inhaber sichtbar zu bestätigen, daß er mit Pferden umzugehen versteht, über ein bestimmtes Maß von Können und Wissen im Fahren sowie Pferdepflege und Pferdehaltung verfügt. Das Abzeichen soll eine öffentliche Anerkennung sein und zu weiteren Leistungen im Fahren und im Umgang mit Pferden anspornen."

Das Deutsche Fahrerabzeichen wird in drei Klassen

Klasse III in Bronze
Klasse II in Silber
Klasse I   in Gold

vergeben mit einer Urkunde, in der dem Betreffenden (der Betreffenden) der Besitz des Abzeichens von der Deutschen Reiterlichen Vereinigung (FN) bescheinigt wird.

Das DFA Klasse III in Bronze kann von allen unbescholtenen Fahrerinnen und Fahrern erworben werden, die im laufenden Kalenderjahr mindestens 17 Jahre alt werden oder bereits älter sind.

Das DFA Klasse II in Silber kann in Sonderprüfungen nur von solchen Fahrerinnen und Fahrern erworben werden, die das 17. Lebensjahr vollendet haben und mindestens ein Jahr im Besitz des Deutschen Fahrerabzeichens Klasse III in Bronze sind.

Die Richter haben die Pflicht, vor jeder Sonderprüfung die Teilnahmeberechtigung der Bewerber nachzuprüfen.

Das DFA Klasse I in Gold kann nur auf Grund von Erfolgen in Prüfungen der Kategorie A bei Pferdeleistungsschauen erworben werden.

Anforderungen für das Deutsche Fahrerabzeichen Klasse II in Silber:

In der Praxis:

Anforderungen sinngemäß wie für das DJFA in Bronze, jedoch mit einem Vierspänner; zusätzlich Fahren einer Dressurprüfung für Wagenpferde, Vierspänner gemäß Aufgabenheft zur LPO und § 715.

in der Theorie:

Anforderungen wie für die anderen Fahrerabzeichen, jedoch Ziffer 1 erstreckt sich zusätzlich auf Vierspänner und auf die Beherrschung der Arbeit mit der Doppelonge.

Mindestwertnote in allen Teilprüfungen: 6,5.

Erwerb des Deutschen Fahrerabzeichens Klasse II in Silber und Klasse I in Gold auf Grund von Erfolgen bei Pferdeleistungsschauen.

Klasse II in Silber:

Verlangt werden:

a) 6 Plazierungen an 1. bis 5. Stelle in Dressurprüfungen für Wagenpferde Zweispänner Kat. A oder B mit der Wertnote 6,5 oder
b) 4 Plazierungen an 1. bis 5. Stelle in Vielseitigkeitsprüfungen für Wagenpferde Zweispänner Kat. A oder B.

Je zwei der oben genannten Zweispänner-Placierungen können durch eine entsprechende Vierspänner-Placierung ersetzt werden.

Klasse I in Gold

Verlangt werden:

a) 6 Siege in Dressurprüfungen für Wagenpferde Vierspänner Kat. A mit der Wertnote 6,5 oder
b) 5 Placierungen an 1. bis 5. Stelle in Vielseitigkeitsprüfungen für Wagenpferde Vierspänner Klasse S oder
c) 1 Placierung an 1. bis 6. Stelle bei der Weltmeisterschaft der Fahrer oder
d) 1 Placierung an 1. bis 3. Stelle bei einem CAIO.

Sonderprüfungen

Die Leistungsabzeichen können in den Klassen III — Bronze — und

II — Silber — auf Grund von Sonderprüfungen erworben werden.

Zur Sonderprüfung für ein Leistungsabzeichen in Silber werden nur solche Bewerber zugelassen, die wenigstens ein Jahr im Besitz des entsprechenden Abzeichens in Bronze sind. Hierbei ersetzt ein Juniorenabzeichen in Silber das entsprechende Senioren/Junge Reiter-Abzeichen in Bronze.

Sonderprüfungen können von Reit- und Fahrvereinen sowie Ausbildungsstätten, die zum Zeitpunkt der Prüfung dem Niveau eines FN gekennzeichneten Betriebes entsprechen, mit Genehmigung der zuständigen Landeskommission (LK) durchgeführt werden. Sonderprüfungen dürfen nicht in Verbindung mit PS/PLS abgehalten werden. Die Termine für Sonderprüfungen sind der zuständigen LK zu melden. Die LK beruft wenigstens einen der beiden Richter.

Alle Teilprüfungen sind an einem Tag abzulegen.

Schlußwort

Wenn es mir mit meinen Ausführungen gelungen ist, dem Hobbyfahrer, vielleicht auch dem einen oder anderen alten Fahrer und damit dem Fahrsport überhaupt, eine Hilfe gegeben zu haben, hat das Buch seinen Zweck erreicht. Ich wollte neben den Fahrern auch unseren Pferden damit dienen, denn sie sind es, die durch die Unwissenheit der Fahrer am meisten leiden.

Gerade in der heutigen Zeit der Hektik, des Lärms und der Abgase sehnt sich der Mensch in die Einsamkeit der Natur mit der Ruhe und der reinen Luft, was er mit dem treuen Kameraden Pferd am besten erreichen kann. Eine Spazierfahrt in ruhigem Zuckeltrab, ein oder zwei Pferde vor dem Wagen, enthebt den Menschen von aller Hast und Eile und gibt ihm neue Kraft für die auf uns alle unaufhaltsam einstürmenden Anforderungen des Berufslebens.

Möge es in Zukunft vielen vergönnt sein, solche glückliche Stunden mit ihrem Gespann zu erleben.

Stichwortverzeichnis